RICK WARREN

Autor de *Una vida con propósito*, una obra con
más de 30 millones de copias vendidas

El poder de transformar su vida

La misión de Editorial Vida es ser la compañía líder en comunicación cristiana que satisfaga las necesidades de las personas, con recursos cuyo contenido glorifique a Jesucristo y promueva principios bíblicos.

EL PODER DE TRANSFORMAR SU VIDA

Edición en español publicada por
Editorial Vida – 2000
Miami, Florida

REDISEÑADO 2011

© 2000 por Editorial Vida

Traducción: *Elizabeth F. Morris*
Edición: *Omayra Ortiz*
Diseño interior: *Words for the World, Inc*
Diseño de cubierta: *Base Creativa*

ISBN: 978-0-8297-5230-4

CATEGORÍA: Vida cristiana / Crecimiento personal

Dedicatoria

A Amy, Joshua y Matthew.
Estoy muy orgulloso de cada uno de ustedes.
Es mi oración que demuestren con su vida el
mensaje de este libro.

Contenido

Contenido

UNO

El poder de transformar su vida

¿Qué le gustaría cambiar de usted? ¿Le gustaría sentirse más seguro, estar más relajado? Tal vez quisiera ser más sociable, menos ansioso o menos tímido. La mayoría de nosotros tiene más que un poco de interés en cambiar pues reconocemos que siempre hay lugar para mejorar.

¿Por qué no puedo cambiar?

Durante mis años como pastor, la pregunta que más me han hecho es: «Rick, ¿por qué no puedo cambiar? Quiero cambiar, de veras que quiero hacerlo. Pero no sé cómo, o no tengo el poder.»

Vamos a seminarios y conferencias, buscando la cura indolora que altere nuestras vidas y nos dé una autodisciplina instantánea. O comenzamos una dieta. En una ocasión me puse a dieta por toda una tarde.

Nos hacemos miembros de gimnasios y el entusiasmo dura alrededor de dos semanas. Entonces volvemos a la misma rutina. No cambiamos. Leemos libros de autoayuda, pero el problema con estos libros es que nos dicen *qué* hacer, pero no pueden darnos el *poder* para hacerlo. Dicen cosas como: «Libérese de todos sus malos hábitos, sea positivo, no sea negativo.» ¿Pero cómo? ¿De dónde saco el poder para cambiar? ¿Cómo puedo poner mi vida en marcha? ¿Cómo rompo el molde en el que me encuentro? Buenas noticias. El cristianismo ofrece el poder que necesitamos.

Usted puede tener el poder de la resurrección

La palabra *poder* aparece cincuenta y siete veces en el Nuevo Testamento. Es la palabra usada para describir el suceso más poderoso que jamás ocurrió, el acontecimiento que marcó dos eras (a.C. y d.C.). Este fue la resurrección de Jesucristo de entre los muertos. ¡Y ese poder de la resurrección está disponible para cambiar su vida!

Lo más importante en la vida es conocer a Cristo y experimentar el poder de su resurrección. Pablo escribe: «Lo he perdido todo a fin de conocer a Cristo, experimentar el poder que se manifestó en su resurrección» (Filipenses 3:10). En otra carta Pablo escribe: «Y cuán incomparable es la grandeza de su poder a favor de los que creemos. Ese poder es la fuerza grandiosa y eficaz que Dios ejerció en Cristo cuando lo resucitó de entre los muertos y lo sentó a su derecha en las regiones celestiales» (Efesios 1:19-20).

Para poder, Pablo usa la palabra griega *dunamis* que es la raíz de nuestra palabra *dinamita*. Así que Pablo está diciendo: «Dios quiere darte el poder de la dinamita en tu vida, el poder que puede cambiar tu vida.» Sí, ese mismo poder que levantó a Jesucristo de entre los muertos hace dos mil años está disponible para usted ahora mismo para transformar en fortalezas las debilidades de su vida. La Biblia describe el poder de la resurrección como el poder para anular su pasado, el poder para vencer sus problemas y el poder para cambiar su personalidad.

El poder de Dios anulará su pasado

Primero, el poder de la resurrección es el poder para anular su pasado. Estoy hablando de sus fracasos, errores, pecados y remordimientos. Y cuando hablo de *anular*, no me refiero a negar el pasado como si nunca hubiera existido. La palabra *anular* significa eliminar, neutralizar, compensar algo.

¿Alguna vez llegó a la mitad de un proyecto y deseó poder empezar de nuevo? Usted está pintando la sala, y se detiene para mirar el color que parecía perfecto en la muestra. En la pared, sin embargo, no se ve tan perfecto. Quisiera empezar otra vez.

Muchas personas sienten eso mismo respecto a la vida: «Cometí demasiados errores. Desearía poder borrarlos y comenzar de nuevo.»

Fracasos, problemas y decisiones equivocadas; todos sufrimos por causa de estos.

Solo que algunas personas no pueden desligarse del pasado y como resultado, permiten que su pasado limite las oportunidades presentes. Viven en un estado de remordimiento constante. Continuamente dicen: «Si no hubiera hecho esto» o «si hubiera hecho estos cambios.» Siempre se están arrepintiendo. Se atormentan con recuerdos dolorosos: «Lo eché a perder, y lo estaré pagando por el resto de mi vida.»

Dios dice que es innecesario vivir con esa pesada carga de culpas, viejas heridas y recuerdos de errores. En Colosenses 2:14, él dice que nos perdonó todos los pecados y que anuló todo récord de deuda que teníamos que pagar. Él lo hizo al permitir que Cristo fuera clavado en la cruz.

Jesucristo conoce los errores que usted cometió, pero él no vino para restregarlos en su cara. Vino para borrarlos. Él no vino para condenarlo, él vino para cambiarlo. ¡Es posible hacer borrón y cuenta nueva! Se parece mucho al juguete de mi hijo *Etch A Sketch* (pizarrita que al sacudirla borra lo que se dibujó). Si hace mal un diseño o dibujo, todo lo que tiene que hacer es invertirla para borrar el dibujo. Entonces, empieza de nuevo. La Biblia dice que eso es lo que Dios hace con los errores que cometo. Cuando voy a él, borra la pizarra y la deja limpia.

En Jeremías 31:34, Dios le dice a los israelitas «les perdonaré su iniquidad, y nunca más me acordaré de sus palabras». Esta tiene que ser una de las declaraciones más asombrosas de la Biblia, que el Dios que hizo el mundo «olvida». Hoy, cuando venimos a él, le confesamos nuestros pecados y luego le pedimos perdón, él anula nuestro pasado. Dios *decide* olvidar nuestras equivocaciones, nuestros errores y fracasos. ¡Esa es una buena noticia! Aun si muriera esta noche y allá en el cielo se parara frente a Dios, podría preguntarle sobre algunos pecados que cometió ayer, y él le diría: «¿Qué pecado?»

Él anula su pasado y lo libera para que continúe viviendo el presente.

¿Por qué Dios puede anular su pasado?

Ahora bien, ¿cuál es la base para este perdón?

Cuando Jesús murió, una de sus últimas declaraciones desde la cruz fue: «Todo se ha cumplido» (Juan 19:30). En griego, eso es una sola palabra *tetelestai*, que literalmente quiere decir «cuenta pagada», «anulada». Esta era la palabra que los comerciantes escribían en las facturas cuando se liquidaba la deuda: «cuenta pagada». Se acuñaba en el documento relacionado a una condena de prisión que sería conmutada. Jesús dijo que eso fue lo que hizo en la cruz. Saldó la cuenta por todos los pecados que usted cometió. Romanos 8:1 nos dice: «Por lo tanto, ya no hay ninguna condenación para los que están unidos a Cristo Jesús.» Jesús fue crucificado en la cruz para que usted dejara de crucificarse. ¡Esto es una buena noticia!

Ahora la pregunta es esta: Si Dios perdona un pecado en el momento que usted lo confiesa, ¿no cree que usted también debe perdonárselo? ¿Por cuánto tiempo recuerda una cuenta que ya pagó? Yo me olvido de mis cuentas tan pronto como las pago. No me preocupo por la cuenta de la electricidad del mes pasado. Alguien dijo que cuando le entregamos a Dios todos nuestros errores y fracasos, él los tira en la parte más profunda del mar. Entonces, pone un letrero que dice: *No pescar*. Él no quiere que sigamos desenterrando nuestros pecados.

Pablo dijo: «Olvidando lo que queda atrás ... sigo avanzando hacia la meta para ganar el premio que Dios ofrece mediante su llamamiento celestial en Cristo Jesús» (Filipenses 3:13-14). Sin embargo, podemos provocar un cortocircuito en el poder de Dios en nuestras vidas al no creer que en realidad él nos perdona o si decidimos no perdonarnos. El poder de Dios es el poder que anula su pasado.

El poder de Dios vencerá sus problemas

El poder de Dios también es el poder para vencer sus problemas. Todos tenemos problemas. Estos vienen como el resultado de vivir en un mundo en decadencia. Si cree que no tiene ningún problema, revise su pulso. Los únicos que no tienen problemas están en los cementerios.

El verdadero problema es qué hacemos con nuestros problemas. Inevitablemente, tratamos de resolverlos con nuestras fuerzas. ¿Cómo sabe que está tratando de resolver todos sus problemas con su propia fuerza? ¡Siempre está cansado! Un hombre que estaba frustrado con su falta de poder para vencer sus problemas lo resumió cuando dijo: «Estoy enfermo y cansado de estar enfermo y cansado.» Así nos ponemos cuando tratamos de resolver los problemas por nuestra cuenta. Dios quiere que dejemos de *tratar* y comencemos a *confiar* en él para resolver nuestros problemas.

Conozco a miles de personas que sienten que sus vidas están fuera de control. Me dicen: «Mi vida está descontrolada; soy una víctima de mis circunstancias. ¿Qué puedo hacer? Me siento impotente. Justo cuando estoy por alcanzar la meta, alguien me la aleja.» Si usted pregunta: «¿Cómo le va?» Ellos contestan: «Ahí, estoy bien, *bajo* las circunstancias.» Pero bueno, ¿qué están haciendo bajo las circunstancias? Alguien dijo que las circunstancias son como un colchón: si usted está arriba, descansa con facilidad, pero si está debajo,

¡se sofoca! Muchas personas están *bajo* sus circunstancias. Aunque no siempre podemos controlar nuestras circunstancias, sí podemos controlar cómo respondemos ante ellas.

Tal vez esté diciendo: «Pero Rick, usted no sabe todos los problemas que tengo. Estoy pasando por momentos muy difíciles.» Si es así, permítame alentarle a cambiar el enfoque de sus problemas y a enfocarse en las promesas de Dios.

Observe lo que pregunta Pablo en Romanos 8:35: «¿Quién nos apartará del amor de Cristo? ¿La tribulación, o la angustia, la persecución, el hambre, la indigencia, el peligro, o la violencia?» En el versículo 37 responde a su pregunta: «Sin embargo, en todo esto somos más que vencedores por medio de aquel que nos amó.» ¿Sabe lo que significa la palabra *vencedor*? Un vencedor es «uno que triunfa al tomar el control». Pablo dice que somos *más que vencedores*. La palabra griega explica que somos *super* vencedores y que podemos tener una victoria *arrolladora*. Si ponemos nuestras vidas en las manos de Dios y descansamos en el poder de la resurrección, nada nos puede devastar. *Nada* puede tragarnos o destruirnos. Este es el mensaje de la resurrección y el corazón de las Buenas Nuevas.

No importa cuán oscura pueda ser la situación, Dios puede cambiarla. No importa cuán desesperada *parezca* la vida, Dios trae esperanza. El mismo poder que le permitió a Jesucristo levantarse de entre los muertos le permitirá levantarse de sus problemas.

Hechos 4 menciona la primera seria oposición que tuvieron los apóstoles al predicar el evangelio en Jerusalén. Cuando las autoridades los amenazaron, ellos se unieron y oraron. Nótese cual fue su oración. No le pidieron a Dios que detuviera la oposición pero en cambio que les diera una audacia sobrenatural frente a la oposición (4:29). Él lo hizo (4:31).

El poder de la resurrección le permite anular su pasado y vencer sus problemas. Pero eso no es todo lo que hace.

El poder de Dios cambiará su personalidad

El poder de la resurrección también le ayuda a cambiar su personalidad. ¿Qué le gustaría cambiar de su persona, y cómo lo haría? Vamos a ponerlo de otra forma: ¿Qué cambios le gustaría a su cónyuge ver en usted? Quizás eso sea más revelador. Una esposa dice que su esposo es «muy temperamental». ¡Noventa por ciento temperamento y diez por ciento mental! En otra situación, un esposo fue un día a consejería matrimonial y le dijo a su pastor que quería divorciarse. El pastor le recordó que él había prometido ante Dios que aceptaría a su esposa para bien o para mal. El hombre le contestó: «Sí, pero ella es mucho peor de lo que yo acepté.»

¿Cómo completaría esta oración: «¿Es exactamente como yo que …?» ¿Es exactamente como yo que *siempre llega tarde*? ¿Es exactamente como yo que *nunca mantengo en una dieta*? ¿Es exactamente como yo que *meto la pata*? ¿Es exactamente como yo que *exploto, me deprimo, me enojo*? Estoy seguro de que es bien consciente de las facetas de su personalidad que cambiaría si pudiera hacerlo.

Dios usa un proceso

Dios usa un proceso de dos pasos para cambiarnos. El primer paso se explica en 2 Corintios 5:17: «Si alguno está en Cristo, es una nueva creación. ¡Lo viejo ha pasado, ha llegado ya lo nuevo!» El primer momento crucial para el cambio es cuando sometemos nuestras vidas a Cristo. Nunca más volveremos a ser iguales. Una nueva vida comenzó. Por eso es que la Biblia nos llama «nacidos de nuevo». Nacer de nuevo no quiere decir que reencarnamos, simplemente significa que tenemos la oportunidad de volver a comenzar. No es pasar a una página nueva, sino tener una vida nueva, un nuevo comienzo. Es un nuevo comienzo con una gran diferencia. Ahora tenemos una nueva naturaleza y el Espíritu Santo mora en nosotros. ¡Se incluye un juego de «baterías espirituales» para darnos poder! Esto nos distinguirá del mundo.

Nacer de nuevo, como nacer por primera vez, es solo el comienzo. Esto va seguido de un proceso de toda la vida que se describe en Romanos 12:2. J.B. Phillips parafraseó este versículo de esta forma: «No permita que el mundo que lo rodea lo apriete en su propio molde, sino deje que Dios lo renueve de una forma que cambie la actitud de su mente. Así comprobará en la práctica que la voluntad de Dios es buena, agradable para él y perfecta.»

En el próximo capítulo examinaremos en detalle cómo Dios nos ayuda a cambiar y las herramientas que usa. Luego miraremos más de cerca cómo él nos cambia produciendo en nosotros el fruto del Espíritu que se enumera en Gálatas 5:22–23. Cada capítulo tratará una de estas cualidades del carácter. Cuando el Espíritu Santo controla su vida, él producirá en usted nueve características positivas: amor, alegría, paz, paciencia, amabilidad, bondad, fidelidad, humildad y dominio propio.

Permítame preguntarle, ¿cuántas de las personas con las que trabaja o convive exhiben estas cualidades? ¿Cuántas de las personas con las que trabaja o convive podrían decir que estas cualidades lo describen a usted? Lo triste del caso es que en lugar de amar a otros, a menudo somos antipáticos. En lugar de vivir alegres, nos sentimos derrotados, deprimidos y desanimados. En lugar de experimentar paz, nos sentimos tensos y oprimidos. En lugar de ser pacientes, nos frustramos e irritamos. En lugar de mostrar amabilidad, cada persona vive para sí. En lugar de modelar la bondad, a menudo creemos que no hay nada bueno en nosotros. En lugar de ser fieles, fallamos a nuestros compromisos. Somos muy dados a responder a otros con rabia o resentimiento en lugar de ser humildes. En lugar de practicar el dominio propio, vemos nuestras vidas hacerse pedazos.

Estos son los contrastes entre la persona que deja que el poder de Dios obre en su vida y la persona que depende de su propio poder. Sin embargo, debemos recordar que el fruto del Espíritu no es algo que podamos confeccionar. Es algo que Dios produce en nosotros cuando le confiamos enteramente nuestras vidas a él.

No lo posponga

Solo una cosa le impedirá cambiar y ser la persona que Dios quiere que sea. No es el diablo. No es otra persona. No son las circunstancias. Es la dilación.

Conozco a muchas personas que se están preparando para vivir, pero nunca viven. «Tengo en la mirilla un cambio que quiero hacer», me dicen. Y yo quisiera contestarles: «Está bien, pero ¿cuándo va a apretar el gatillo?»

La dilación es fatal. Uno de estos días voy a ir al dentista. Uno de estos días me haré la operación que necesito. Uno de estos días voy a dedicarle más tiempo a la familia... tomar en serio el ser cristiano... ser más activo en la iglesia... perseguir ese sueño dorado. Uno de estos días me voy a poner en forma. ¡Uno de estos días! Lo más probable es que ese día nunca llegue.

¿Por qué pasar otra noche con las ranas?

Una de mis películas favoritas es *Los Diez Mandamientos,* con Charlton Heston separando el Mar Rojo para que los israelitas pudieran cruzar. Cada vez que veo *Los Diez Mandamientos* mi familia se ríe de mi conducta porque durante las próximas dos semanas camino por la casa hablando como Yul Brynner, que en la película representa al Faraón. Cuando mis hijos me preguntan algo, contesto: «¡Sea escrito, y sea hecho!»

Uno de los hechos graciosos que rodearon el éxodo de los israelitas de Egipto se relaciona a las diez plagas que Dios envió sobre los egipcios. Cada plaga se burla de un dios egipcio diferente. Por ejemplo, los egipcios adoraban los piojos, así que Dios les envió muchos piojos para adorar. Luego vino la plaga de las ranas. Dice la Biblia que habían ranas por dondequiera. ¡Esto debe haber sido tremendo reguero! Estoy seguro que la Sra. Faraón presionó al faraón para darse por vencido y salir de las ranas.

Al fin, el faraón mandó a buscar a Moisés y le dijo: «Está bien, Moisés, me doy por vencido.» Así que Moisés le preguntó: «¿Cuándo quieres que me deshaga de las ranas?» Ahora la respuesta de faraón fue clásica. Él dijo: «Mañana.» ¡Debe haber estado loco! ¿Cómo alguien podría desear esperar más tiempo para deshacerse de las ranas?

Hay un famoso sermón que se basa en este texto llamado: «Una noche más con las ranas.» ¿Cómo le gustaría pasar una noche más con las ranas? ¿Por qué rayos alguien en este mundo pospondría un cambio que iba a ser positivo? Hubiéramos esperado que Faraón dijera: «Termina con las ranas ahora mismo.» Pero no, él dijo: «Mañana.»

Usted y yo hacemos eso mismo todo el tiempo. Posponemos cambios que sabemos que serán beneficiosos para nosotros. ¿Por qué? Quizás somos complacientes. Quizás somos muy haraganes para cambiar. Tal vez tenemos miedo porque no conocemos los cambios involucrados en la decisión. Tal vez somos muy orgullosos, o sencillamente somos testarudos. Cualquiera que sea la razón, retrasamos la acción.

Los ingenieros del espacio de la NASA (Administración Nacional de la Aeronáutica Espacial) nos dicen que la mayoría del combustible que se usa en el lanzamiento de un cohete se quema en los primeros segundos del lanzamiento. Se requiere una tremenda energía y empuje para despegar el cohete de su plataforma. Una vez que está en movimiento y se dirige a la órbita, se requiere mucho menos combustible y es más fácil de controlar y dirigir. Venció la inercia.

Una cosa es decirle que Jesucristo anuló su pasado, que le ayuda a vencer los problemas que encara ahora mismo y que cambia su personalidad. Otra muy diferente es el que venza la inercia y permita que él comience a hacerlo... ¡ahora! Aunque quizá esté de acuerdo con todo lo que dije, puede seguir esperando y dejar que Jesús lo ayude «uno de estos días».

Jesucristo tiene el poder de hacer cambios en su vida ahora. Él le dará el poder para comenzar y el poder para seguir adelante. Él le dará el poder para romper las cadenas de la dilación.

Si no es capaz de dejar atrás su pasado, Jesucristo le ofrece un completo perdón. Él puede volver a poner en orden su vida. Puede que se sienta tan quebrado que piense que nada lo pueda volver a unir. ¡Pero nunca es demasiado tarde para empezar de nuevo! Nunca será un fracaso a menos que se dé por vencido.

Tal vez se sienta abrumado por sus problemas. La resurrección nos recuerda que no hay situación para la que no haya esperanza. Descanse. Confíe en Dios. No tiene que dejarse controlar por las circunstancias. No existe un problema que sea demasiado grande para Dios. Él todavía está en el negocio de la resurrección. ¿Qué está esperando? Ahora mismo puede decir: «Jesucristo, toma mi vida. Toma lo bueno, lo malo y lo feo. Toma cada parte de mí.» En este momento abra su corazón al amor de Dios y permita que el poder de su resurrección transformadora se convierta en una realidad en su vida.

DOS

El papel de Dios y el mío para transformar mi vida

𝒰no de los recuerdos más queridos que tengo de mi niñez es el jardín de mi padre. Parecía que mi papá sembraba de todo en su jardín. A decir verdad, siempre cultivó lo suficiente para alimentar a todo el vecindario. Cada vez que alguien paraba a visitarnos, por lo general salía con un saco lleno de vegetales frescos y sabrosas frutas.

El tipo de fruta que mi padre cultivaba es solo una clase de fruta: fruta *natural*. También existe el fruto *biológico*, la descendencia de los animales y los hijos de las personas. Luego tenemos el fruto *espiritual*, y es de eso que Dios está hablando en Gálatas 5:22-23: «En cambio, el fruto del Espíritu es amor, alegría, paz, paciencia, amabilidad, bondad, fidelidad, humildad y dominio propio.» Estas nueve cualidades describen el carácter de un cristiano fructífero y productivo.

La pregunta es: ¿Cómo obtenemos estas cualidades del carácter? Obviamente, no es que un día Dios me da un toque mágico y de repente estas cualidades se materializan en mi vida. Él usa un proceso y en este capítulo lo estudiaremos.

Es una sociedad

El apóstol Pablo describe el proceso en dos partes que usa Dios en Filipenses 2:12–13 donde primero dice que «lleven a cabo su salvación», y luego cambia y dice: «Pues Dios es el que produce en ustedes.» Parece una contradicción, ¿verdad? Pero no lo es. Es una paradoja. G.K. Chesterton describe una paradoja como «la verdad parada en su cabeza para llamar la atención». A Pablo le encanta enseñar con paradojas.

La clave para entender esta paradoja es notar que Pablo no dice: «Trabajen para su salvación.» Esa es una gran diferencia. Trabajar *para* algo significa ganarlo, merecerlo. La Biblia enseña con claridad que la salvación no es algo por lo que tengamos que trabajar. Es un regalo de la gracia de Dios. Pablo dice: «*Lleven a cabo* su salvación.» Pablo está hablando acerca de un «ejercicio espiritual».

¿Qué hace en un entrenamiento físico? Usted desarrolla o tonifica los músculos que Dios le dio. Llevar a cabo significa cultivar, sacar el máximo de lo que le dieron. Eso es lo que Pablo dice aquí. ¡Cultive su vida espiritual!

Dios juega un papel en nuestro desarrollo espiritual, pero nosotros también tenemos el nuestro. Él proporciona el poder, pero nosotros tenemos que tirar del interruptor. Llevar a cabo su salvación pues es Dios quien obra en usted.

Dios usa su Palabra

Primero veamos el papel de Dios en este proceso y las herramientas que él usa. Luego veremos nuestro papel y algunas decisiones que debemos hacer. La Biblia es la primera herramienta que Dios usa para cambiarnos. A través de las Escrituras él nos enseña cómo vivir. Segunda de Timoteo 3:16-17 nos dice: «Toda la Escritura es inspirada por Dios y útil para enseñar, para reprender, para corregir y para instruir en la justicia, a fin de que el siervo de Dios esté enteramente capacitado para toda buena obra.»

¿La Biblia transformó su vida? Escuché la historia de un caníbal convertido en las islas del Mar del Sur que estaba sentado al lado de una olla grande leyendo su Biblia cuando un antropólogo usando un casco de explorador se le acercó y le preguntó:

—¿Qué estás haciendo?

El nativo contestó: —Estoy leyendo la Biblia.—

—¿No sabes que el hombre moderno y civilizado rechazó ese libro? No es nada más que un paquete de mentiras. No pierdas el tiempo leyéndolo —dijo mofándose el antropólogo.

El caníbal lo miró de arriba abajo y lentamente respondió:

—¡Señor, si no fuera por este libro, ya estaría usted en esta olla!

La Palabra de Dios había cambiado su vida... y su apetito.

Si está considerando seriamente cambiar su vida, tendrá que adentrarse en la Biblia. Necesita leerla, estudiarla, memorizarla, meditar en ella y aplicarla.

Cuando la gente me dice que su fe es débil, yo les pregunto:

—¿Está leyendo su Biblia a menudo?

—Realmente no.

—¿Está estudiando la Biblia?

—Bueno... no exactamente.

—¿Está memorizando las Escrituras?

—No.

—Bueno, entonces dígame: ¿cómo espera que crezca su fe? La Biblia dice: "Así que la fe viene como resultado de oír el mensaje, y el mensaje que se oye es la palabra de Cristo" (Romanos 10:17).

El papel de Dios en el proceso: Su Espíritu

El Espíritu Santo es la segunda herramienta que Dios usa para cambiarnos. Cuando nos consagramos a Cristo, el Espíritu Santo viene a nuestra vida para fortalecernos y dirigirnos (Romanos 8:9-11). El Espíritu de Dios nos da nuevas fuerzas, vitalidad, deseo y el poder para hacer lo que es correcto. A medida que el Espíritu del Señor obra en nosotros, nos parecemos más y más a él.

Aunque no aprenda nada más de este capítulo, aprenda esto: El propósito principal de Dios en su vida es hacerlo como Jesucristo. El Espíritu de Dios usa la Palabra de Dios para hacer al hijo de Dios más parecido al Hijo de Dios. ¿Y cómo es Jesús? Su vida en la tierra encarna las nueve manifestaciones de los frutos del Espíritu: amor, alegría, paz, paciencia, amabilidad, bondad, fidelidad, humildad y dominio propio.

Dios usa las circunstancias

La forma ideal de Dios para cambiarnos es hacernos leer la Biblia para encontrar cómo debemos vivir y luego depender en que el Espíritu que mora en nosotros nos capacite para lograrlo. Por desgracia, la mayoría de nosotros somos testarudos, y no cambiamos tan fácil. Así que Dios trae una tercera herramienta para trabajar en nosotros: las circunstancias. Estoy hablando de problemas, presiones, dolores de cabeza, dificultades y tensiones. Estas cosas siempre nos llaman la atención. C.S. Lewis dice que Dios nos susurra en nuestra comodidad, pero nos grita en nuestro dolor. Muchas veces se requiere una situación dolorosa para atraer nuestra atención.

En Romanos 8:28–29 dice: «A los que Dios ama, que han sido llamados de acuerdo con su propósito, todas las cosas suceden para el bien de quienes lo aman. Dios ... los predestinó a ser transformados según la imagen de su Hijo.» Nada llega a la vida de un creyente sin el permiso del Padre celestial, a menos que sea «filtrado por el Padre».

Lo interesante acerca de cómo Dios usa las circunstancias es que la fuente de las circunstancias no hace diferencia alguna para él. Muy a menudo nos buscamos problemas debido a malas decisiones, al mal juicio y al pecado. Otras veces, son otras personas las que causan nuestros problemas. A veces el maligno provoca que nos sucedan cosas, como hizo con Job. Pero Dios dice que la fuente de nuestra circunstancia es irrelevante. Él dice: «De todas maneras la usaré en tu vida. La ajustaré a mi patrón y a mi gran plan para tu vida, para que seas como Jesucristo.» Así que, no hay circunstancia en la vida de la cual no podamos aprender, lo único que se requiere es aceptarla con la actitud correcta.

Proverbios 20:30 tiene más buenas noticias: «Los golpes y las heridas curan la maldad; los azotes purgan lo más íntimo del ser.» Tal vez usted haya experimentado la verdad de este versículo. A veces necesitamos sufrir una experiencia dolorosa para que cambiemos nuestros caminos. En otras palabras, ¡somos más dados a cambiar cuando sentimos el calor que cuando solo vemos la luz! ¿Por qué? Porque solo cambiamos cuando el dolor es mayor que nuestro temor al cambio.

Uso zapatos por comodidad, no por la moda. Hace algunos años tuve un par de zapatos negros que usé casi todos los días durante más de un año. Al final, se le hicieron huecos en la suela, pero eran tan cómodos que seguí usándolos. No cruzaba las piernas cuando me sentaba en una plataforma para que la gente de la congregación no viera los huecos. Sabía que me tenía que comprar zapatos, pero siempre lo posponía. Una semana llovió todos los días. Después de cuatro días con las medias mojadas, me decidí y compré unos zapatos nuevos. ¡La incomodidad es el primer paso en el cambio!

Dios nos habla a través de la Biblia, y por la inspiración de su Santo Espíritu, pero si no capta nuestra atención, entonces también usará las circunstancias. Por ejemplo, la Biblia dice que debemos ser humildes, y el Espíritu Santo nos capacita para ser humildes. Pero si no nos humillamos, él usará circunstancias que nos humillen. Dios puede usar cada situación de nuestra vida para desarrollarnos. Ese es su papel. Ahora bien, ¿qué de nuestro papel?

Debemos elegir nuestros pensamientos

El crecimiento espiritual no es automático. Cambiar es un asunto de decisión. No podemos sentarnos pasivamente sin hacer nada y esperar un crecimiento. Si queremos cambiar, tenemos que tomar tres decisiones.

Primero, *debemos elegir cuidadosamente lo que pensamos*. La versión en inglés *Buenas Nuevas* dice en Proverbios 4:23: «Tenga cuidado de cómo piense; su vida está formada por sus pensamientos.» Una vez alguien dijo: «Usted no es lo que piensa que es, pero lo que piensa, eso es.» ¿Entendió eso? Usted no es lo que cree ser, pero es, lo que piensa. Si va a cambiar su vida, tiene que cambiar el patrón de sus pensamientos. El cambio siempre empieza con nuevos pensamientos.

¿Cómo una persona se convierte en cristiana? Al arrepentirse. El arrepentimiento es a menudo un término mal entendido. Solía pensar en él como un hombre parado en la esquina de una calle con una señal que decía: «¡Da la vuelta o quémate!» En realidad, la palabra griega para arrepentimiento es *metanoia*, y eso quiere decir cambiar su mente, cambiar su perspectiva. Cuando me convertí en cristiano, cambié mi perspectiva en cuanto a muchas cosas. Romanos 12:2 dice que somos transformados por la renovación de nuestras mentes. No es ser «transformados por voluntad» sino ser «transformados por la renovación de su mente».

La Biblia nos enseña que la forma en que usted piensa determina cómo se siente, y la manera en que siente determina cómo actúa. Así que si quiere cambiar sus acciones, tiene que volver atrás a la fuente y cambiar la forma de pensar. A veces puede actuar con depresión. ¿Sabe por qué? Porque se siente deprimido. ¿Sabe por qué se siente deprimido? Porque está pensando en cosas depresivas. Lo mismo es cierto para la ira y la preocupación y todos los otros tipos de patrones de pensamientos destructivos.

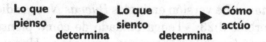

Lo que pienso → **determina** → Lo que siento → **determina** → Cómo actúo

Imagínese que tiene un bote de carrera, y que el bote tiene un piloto automático. El bote va hacia el este, y usted decide que quiere ir al oeste. Quiere dar una vuelta de ciento ochenta grados. Hay dos formas de hacerlo. El piloto automático dirige al bote hacia el este, pero usted puede tomar el timón y darle vuelta con todas sus fuerzas. El bote ahora se dirige al oeste, pero durante todo el tiempo que lo obliga a ir al oeste, usted está tenso. Eso sucede porque el bote está inclinado para ir en la dirección opuesta. Usted está tenso y alterado y pronto estará cansado. Ya sabe lo que viene después. Deja el «timón» y... no hace la dieta, o comienza a fumar, o deja de hacer los ejercicios, o vuelve al viejo patrón de relacionarse con su familia. La verdad es, que el tratar de obligarse a cambiar por pura voluntad rara vez produce resultados permanentes.

La otra forma de cambiar la dirección de su bote es ajustar el piloto automático. Ahora el «piloto automático» en su vida es su pensamiento. ¿Cómo terminó la oración que le dí en el primer capítulo: «Es exactamente como yo el...»? Termine esa oración varias veces, y le diré cómo está programado el piloto automático de su vida.

Pero usted puede transformarse al renovar su mente. No se enfoque en sus acciones. No se concentre en sus sentimientos. A menudo la gente dice: «Voy a ser más cariñoso» o «Seré feliz aunque me mate en el esfuerzo». Pero forzar un sentimiento no da resultados. Sencillamente concéntrese en cambiar sus pensamientos.

Cuando usted cambia sus pensamientos, también cambia la forma de sentir. Debo dejar de pensar en aquellas cosas que me están causando problemas y comienzo a pensar en cosas que me llevan a donde quiero ir.

Jesús dijo: «Y conocerán la verdad, y la verdad los hará libres» (Juan 8:32). Si usted basa su vida en la verdad, vive con el estilo correcto de pensamientos y no con conceptos erróneos o falsas creencias, y basa su vida en pensamientos tomados de la Palabra de Dios, usted será libre. Verá desaparecer los viejos hábitos, sentimientos y acciones.

Dios nos da su Palabra, pero nosotros tenemos que usarla. Tenemos que practicar la meditación bíblica. Cuando yo uso la palabra *meditación*, no estoy hablando de sentarse en posición yoga cantando «ommmmmm». Usted no necesita yoga ni ningún otro tipo de técnica de meditación basada en las religiones orientales. Aléjese de ellas. Medite en la Palabra de Dios. Lea el libro de los Salmos y vea cuántas veces David dice: «Medito en tu palabra día y noche.»

En Salmo 1 leemos: «Dichoso el hombre que no sigue el consejo de los malvados, ni se detiene en la senda de los pecadores ni cultiva la amistad de los blasfemos.» En otras palabras, él no obtiene sus fuerzas de las fuentes equivocadas. «Sino que en la ley del Señor [la Biblia] se deleita, y día y noche *medita* en ella» (énfasis del autor). Como resultado: «Es como el árbol plantado a la orilla de un río que, cuando llega su tiempo, da *fruto* y sus hojas jamás se marchitan. ¡Todo cuanto hace prospera!» (énfasis del autor). Esta es una promesa maravillosa.

Dios dice que cuando usted medita en su Palabra día y noche, dará frutos. Estamos hablando de ser personas fructíferas, productivas, personas llenas de amor, alegría, paz, paciencia, etc. También dice que prosperará. Hay dos grandes promesas en las Escrituras acerca del éxito; una de ellas está en ese pasaje y la otra, en Josué 1:18. Ambas dicen que la clave del éxito está en la meditación en la Palabra de Dios.

Entonces, ¿qué quiere decir meditar en la Palabra de Dios? Si busca la palabra *meditación* en un diccionario, verá que un sinónimo es la palabra *rumiar*. Rumiar es lo que hacen las vacas cuando mastican la yerba. La vaca come un poco de yerba, la mastica lo más que puede y se la traga. Durante un rato esta permanece en uno de sus estómagos y luego, un poco después, la eructa con un sabor renovado. La vaca vuelve a masticarla un poco y se la vuelve a tragar. Eso es rumiar. Esta vaca está extrayendo cada onza de nutrición de esa yerba. De eso se trata la meditación. La meditación es la digestión de los pensamientos. Meditar no significa que usted ponga su mente en neutro y no piense en nada. Meditar es pensar seriamente en lo que está leyendo. Escoja un versículo y pregúntese: «¿Qué significado tiene esto para mi vida?» Medite acerca de esto, y también háblele a Dios.

Dios es muy específico al decirnos sobre qué debemos pensar. En Filipenses 4:8 él nos dice que debemos pensar en ocho categorías diferentes de cosas y, por implicación, evitar pensar en las cosas opuestas. Tome unos minutos ahora mismo para leer y pensar en este versículo. Háblele a Dios al respecto. Esto será una buena práctica para meditar en la Palabra de Dios.

Colosenses 3:16 dice: «Que habite en ustedes la palabra de Cristo con toda su riqueza.» Usted necesita emplear regularmente, por lo mínimo diez o quince minutos, para sentarse y leer una porción de la Biblia y pensar en lo que acaba de leer. Luego hable al Señor en oración. Es en este punto donde comienza nuestro papel en el proceso de cambio. Podemos decidir qué vamos a pensar.

Debemos depender de su Espíritu

También podemos *decidir depender del Espíritu Santo*. Dios dice: «Pongo mi Espíritu Santo sobre ti para darte poder.» Todos los cristianos tienen el Espíritu de Dios en sus vidas, pero no todos los cristianos tienen el *poder* de Dios en sus vidas. En Juan 15 Jesús nos da una hermosa ilustración sobre esto. Él compara nuestra vida espiritual con la vid y sus ramas. Él dice: «Yo soy la vid y ustedes son las ramas. El que permanece en mí, como yo en él, dará mucho fruto; separados de mí no pueden ustedes hacer nada» (Juan 15:5).

En esta ilustración la rama depende totalmente de la vid principal; no puede producir fruto por sí sola. El fruto es un trabajo interno. Si saliera en la primavera y amarrara manzanas en las ramas de un árbol muerto y luego llevara a mi esposa y le dijera: «Cariño, mira nuestro árbol de frutas», ella diría: «Tú amarraste esas cosas ahí.» Esto es lo que ocurre cuando un cristiano dice: «Me voy a amarrar un montón de frutas a mi vida. Un poco de paciencia por aquí, un poco de bondad por allá, un poquito de dominio propio por acá. Lo haré por mi cuenta.» No puede ser hecho así. Es una tarea del interior. Recuerde, es el fruto del Espíritu.

Ahora puede estar diciendo: «¿Cómo sé si permanezco en Cristo? ¿Cómo sé si estoy prendido a la vid? ¿Cómo saber si estoy dependiendo de su Espíritu?» Es muy sencillo. Revise su vida de oración. Sus oraciones demuestran su dependencia en Dios.

¿Sobre qué ora? Sobre lo que ore es lo que constituye su vínculo con Dios. Sobre lo que no esté orando es lo que está tratando de hacer por cuenta propia. La oración es la prueba decisiva.

El secreto de la dependencia en el Espíritu de Dios es la oración incesante. Ore por las decisiones. Ore por sus necesidades. Ore por sus intereses. Ore por su horario. Ore por los problemas que está enfrentando. Ore por las personas que va a conocer. Ore por las compras que va a hacer. Ore por todo. Eso es lo que significa permanecer, estar consciente de que Dios siempre está con nosotros, mostrando su presencia. A medida que oramos, comenzaremos a ver los frutos desarrollándose en nuestras vidas.

Debemos responder sabiamente a las circunstancias

Además de elegir nuestros pensamientos y decidir depender de su Espíritu, también podemos *escoger cómo responder a las circunstancias de nuestras vidas.* Victor Frankl fue uno de los judíos presos en un campo de concentración nazi en Dachau. Cuenta que mientras estaba en el campo de concentración, los guardias le arrancaron todo. Le quitaron su identidad. Le quitaron su esposa. Le quitaron su familia. Le quitaron sus ropas. Hasta le quitaron su anillo de bodas. Sin embargo, hubo algo que nunca le pudieron quitar. Él escribió: «La última de las libertades humanas es la habilidad de escoger la actitud personal ante determinadas circunstancias» *Man's Search for Meaning* [La búsqueda del hombre de significado] Washington Square Press, p.12. Los guardias no le pudieron quitar a Frankl la libertad de escoger su actitud.

No podemos controlar todas las circunstancias de nuestra vida. No sabemos qué pasará mañana, ni siquiera hoy. No podemos controlar nuestras circunstancias, pero sí podemos controlar cómo reaccionamos ante ellas. Podemos controlar el que una experiencia nos convierta en una persona amargada o en una persona mejor. Lo que importa en la vida no es tanto lo que *nos* sucede sino lo que ocurre *dentro* de nosotros.

Pablo habla acerca de esto en Romanos 5:3–4. Él dice que podemos regocijarnos aquí y ahora, incluso en nuestras pruebas y problemas. Estas cosas producirán en nosotros perseverancia y nos ayudarán a desarrollar un carácter maduro. Así que podemos regocijarnos en nuestros problemas, y no solo soportarlos, pues sabemos que Dios los está usando en nuestras vidas. Dios usa hasta los problemas que yo ocasiono.

Dios también usa las situaciones por las que otros quieren hacernos daño. Esta es una lección de la vida de José según se narra en el Antiguo Testamento. José fue traicionado por sus hermanos y vendido como esclavo. Años más tarde él les dijo: «Ustedes pensaron hacerme mal, pero Dios transformó ese mal en bien» (Génesis 50:20). Esto también es cierto en su vida. Quizás hay alguien que ahora mismo está tratando de hacerle mal. No se preocupe. Si es un creyente, si ha puesto su vida en las manos de Dios, él puede usar una situación dolorosa para bien. Él desarrollará en usted un carácter maduro. Y de eso se trata el fruto del Espíritu. Dios quiere producir el carácter de Cristo en nuestras vidas, porque sabe que mientras más nos parezcamos a él, más plena será nuestra vida.

Cuando Dios creó al hombre, lo hizo «a su imagen» (Génesis 1:27). Ese fue el plan original de Dios, y no ha cambiado. Él quiere hacernos como él; no dioses, pero piadosos. ¿Cómo lo hace? A través de la Biblia, mediante su Espíritu Santo y por medio de las circunstancias. Dios obra en nuestro carácter. La palabra griega para carácter en Romanos 5:4 significa «probado y encontrado digno de confianza». Esto describe algo que fue probado por el fuego, algo que fue golpeado una y otra vez pero que superó la prueba.

¿Ha visto en la televisión el comercial de maletas que presenta un gorila? En el aeropuerto se ve una maleta que va en una estera y en vez de una persona recogerla con cuidado, es un gorila quien la manipula. Este tira la maleta alrededor del salón, la pisa, salta encima de ella y la tira en el aire. Ahora la maleta tiene carácter. Es de confianza. Ha pasado la prueba. Quizás en esta semana le peguen en el trabajo. Tal vez hasta reciba un golpe en su casa, pero Dios puede usar hasta estas situaciones en su vida.

Permítame hacer aquí una declaración que es una de las cosas más importantes que le diré en las páginas de este libro. Aquí está la verdad fundamental: Dios produce el fruto del Espíritu en nosotros al permitirnos enfrentar situaciones y a personas llenas de las cualidades opuestas.

¿Cómo Dios produce amor en nuestras vidas? Es fácil amar personas amables o personas que son como nosotros. Pero para enseñarle el verdadero amor, Dios lo pondrá alrededor de personas antipáticas. Conoceremos el verdadero amor al amar ese tipo malhumorado del trabajo o a ese vecino fastidioso. Dios nos enseñará a amar permitiéndonos practicar con los «antipáticos».

Lo mismo ocurre con la paz. Cualquiera puede estar en paz en situaciones pacíficas. Eso no necesita carácter. Dios nos enseña la paz en medio del caos total, cuando todo se está haciendo pedazos. Suena el teléfono, tocan a la puerta, algo está hirviendo en la estufa, el bebé está llorando y el perro muerde al gato. En esos momentos es cuando realmente aprendemos sobre la paz interior. Dios obra de la misma forma con cada fruto que está desarrollando en nosotros.

Toma tiempo

Un último punto. Al fruto le toma tiempo madurar. No existe tal cosa como madurez instantánea. Ni tampoco existe un desarrollo espiritual al instante. Lleva tiempo. Cuando trata de apurar la fruta, no tiene tan buen sabor. ¿Alguna vez comió tomates madurados usando gases? Los come si los compra en el mercado. Si los campesinos recogieran los tomates ya maduros para entonces enviarlos al mercado, se arruinarían en el viaje. Por esta razón, los recogen verdes —quizá aquí esté revelando un secreto mercantil— y le rocían el gas dióxido de carbono justo antes de enviarlos al mercado. El gas madura el tomate verde convirtiéndolo rápidamente en un tomate rojo. Ahora bien, no hay nada malo con esos tomates. Pero si alguna vez come un tomate que maduró en la rama, no hay comparación. Madurar le lleva tiempo a la fruta. Y Dios va a necesitar tiempo para madurar el fruto en su vida.

Usted puede empezar diciéndole a Dios ahora mismo que quiere ser un cristiano productivo, fructífero, que quiere cooperar con su plan. Entréguese a la lectura, estudio, memorización y meditación de la Biblia. Pídale a Dios que use su Palabra para cambiar su manera de pensar. Invite al Espíritu Santo a reinar de forma libre en su vida. No guarde nada. Ore y hable con él acerca de todo. Acepte sus circunstancias como parte del plan de Dios para cambiar su vida. Pídale a Dios que lo ayude a responder a las personas difíciles y a las situaciones desagradables como lo haría Jesús. Dios quiere producir el fruto del Espíritu en su vida. ¿Va a cooperar con él en ese proceso para cambiar vidas?

TRES

Cómo transformarse en una persona más amorosa

Primera de Corintios 13 termina con estas conocidas palabras: «Ahora, pues, permanecen estas tres virtudes: la fe, la esperanza y el amor. Pero la más excelente de ellas es el amor.» El amor es el primer fruto del Espíritu que se menciona en Gálatas 5. ¿Pero qué es el amor?

El *amor* es posiblemente la palabra más malentendida del mundo. Parte del problema es que usamos esta palabra para describir muchas cosas. De tanto usarla, destruimos su significado. Amo a mi esposa. Amo a mi país. Amo a mi perro. Te amo. Usamos la palabra *amor* en tantas formas diferentes que perdió, literalmente, mucho de su significado.

Es difícil dar o recibir amor cuando ni siquiera se entiende qué es. Ahora bien, debemos entender un par de conceptos populares equivocados acerca del amor. La mayoría de la gente piensa que el amor es un sentimiento. Que es un nudo sentimental en el estómago.

Un océano de emoción. Cierto, el amor produce sentimientos, pero es mucho más que un sentimiento.

En una tirilla cómica «Peanuts», Charlie Brown y Linus están hablando, y Linus dice: «Ella era muy linda. Me acostumbré a verla todos las semanas en la Escuela Dominical. Me sentaba allí a contemplarla y a veces ella me sonreía. Ahora me entero que cambió de iglesia.»

Charlie Brown lo mira y le dice: «¡Eso cambiará tu teología con rapidez!»

Cuán a menudo descansamos en los sentimientos y permitimos que nuestros sentimientos nos motiven a hacer toda clase de cosas que normalmente no haríamos. Como dije, el amor produce sentimientos, algunos muy poderosos, pero es más que un sentimiento.

Otro malentendido es que el amor es incontrolable. ¿Alguna vez ha dicho: «Me *enamoré*», como si se hubiera resbalado? Creemos que el amor no se puede controlar. «Qué voy hacer si estoy enamorado. No puedo hacer nada, ¡estoy enamorado!» O lo opuesto: «No hay nada que hacer, ya no lo amo.» Hablamos como si el amor fuera incontrolable, pero la Biblia dice que el amor es controlable. En efecto, Jesús *ordenó* que nos amáramos unos a otros. Sus palabras indican que controlamos a quienes amamos y a quienes no amamos.

El amor es un asunto de dos cosas: Primero, el amor es un asunto de elección. La Biblia dice: «Por encima de todo, vístanse de amor, que es el vínculo perfecto» (Colosenses 3:14). Nótese esta palabra *vístanse*. El amor es algo que podemos decidir tener. Si fuera un sentimiento, no lo podríamos mandar. Pero podemos mandar en una elección. Y el amor es una elección. Es controlable.

La Biblia también dice que el amor es un asunto de conducta. El amor es algo que hacemos. Es una acción, no un sentimiento. El apóstol Juan lo expresó en esta forma: «Queridos hijos, no amemos de palabra ni de labios para afuera, sino con hechos y de verdad» (1 Juan 3:18). Muy a menudo amamos con palabras, pero no con acciones. Un joven le dijo a su novia: «Te amo, mi amor, tanto que moriría por ti.» Ella le contestó: «Ah, Pedro, tú siempre me estás diciendo eso, pero nunca lo haces.»

El amor es más que palabras. Es más que sentimientos. Diferente a nosotros, el griego tiene cuatro palabras para diferenciar los distintos tipos de amor: *storge,* que significa afecto natural, *eros,* que significa atracción sexual, *philia,* para el afecto o la amistad emocional, y *agape,* que significa amor incondicional, que se da a sí mismo, sacrificado. Cuando la Biblia habla del amor de Dios por nosotros y la clase de amor que debemos tener por él y para otras personas, la palabra siempre es *agape.* Es un compromiso para actuar.

¿Sabe si es posible amar a alguien que ni siquiera le cae bien? Recuerde que en el capítulo anterior les dije que para Dios enseñarnos a amar, nos rodea de algunos antipáticos. Es fácil amar a los que son buenos y cariñosos, pero si Dios nos va a enseñar a amar, él traerá a nuestras vidas personas difíciles de amar. Ahora el problema es que nuestras vidas están llenas de personas que no nos gustan. No nos gusta la manera en la que hablan algunas personas. No nos gusta la forma de actuar que tienen. No nos gusta su forma de vestir. Pero sobre todo, nuestra tendencia es que nos desagraden las personas a quienes tampoco le caemos bien. Una vez oí una historia acerca de Lady Astor, a quien no le gustaba Winston Churchill. Un día le dijo: «Winston, si fueras mi esposo, te pondría arsénico en el té.»

Churchill respondió: «Señora, si usted fuera mi esposa, ¡me lo tomaría!»

Si pensara durante sesenta segundos, quizá haría una lista de personas que no le gustan. Sin duda, serían personas con las cuales no se lleva bien. Todos somos difíciles de amar en algunos momentos, aun usted, pero algunas personas son difíciles de amar en todo momento.

Jesús nunca demandó que tuviéramos un cálido afecto para todo el mundo. Él no sentía tiernas emociones hacia los fariseos. No nos tienen que gustar todas las personas, ¿no es esto un alivio?, pero sí tenemos que amarlas. Entonces, ¿cómo se hace esto?

La Biblia nos dice que hay cinco pasos que necesitamos tomar para aprender amar a las personas. Estoy convencido de que podemos aprender a amar a cualquiera si damos estos pasos.

Antes de mostrarle cómo amar a otros sinceramente, quiero que se haga un cuadro en su mente de esa persona a quien considera difícil de amar: ese familiar detestable, un vecino problemático, o un compañero de trabajo desagradable. ¿Cómo puede aprender a amar a este tipo de persona? A continuación hay cinco pasos.

Experimente el amor de Dios

Primero, antes de poder amar a otros, debemos sentir y entender cuán profundamente nos ama Dios. En Efesios leemos: «Para que por fe Cristo habite en sus corazones. Y pido que, arraigados y cimentados en amor, puedan *comprender*, junto con todos los santos, cuán ancho y largo, alto y profundo es el amor de Cristo; en fin, que *conozcan* ese amor que sobrepasa nuestro conocimiento, para que sean llenos de la plenitud de Dios» (Efesios 3:17-19, énfasis del autor). Haga un círculo a las palabras *comprender* y *conozcan* de ese pasaje. Dios quiere que comprendamos su amor, y quiere que conozcamos su amor. ¿Por qué? Primera de Juan 4:19 declara que amamos porque Dios nos amó primero. ¿Por qué es importante sentirnos amados por Dios? Porque con frecuencia las personas no amadas son las personas que no aman. Cuando yo no me siento en realidad amado, no siento que puedo dar amor. Así que, primero necesitamos experimentar el amor de Dios en nosotros. Jesús dijo: «Que se amen los unos a los otros, como yo los he amado» (Juan 15:12). Ese es el modelo.

Perdone a sus enemigos

El segundo paso para aprender a amar a otros es perdonar a quienes le hirieron. Colosenses 3:13 dice: «Perdonen si alguno tiene queja contra otro. Así como el Señor los perdonó, perdonen también ustedes.» Es imposible amar por completo a alguien y al mismo tiempo estar resentido con otra persona. No puedo amar realmente a mi esposa si todavía tengo coraje con mis padres. No puedo amar a mis hijos si todavía estoy enojado con mi hermano. Usted no puede dar un amor total cuando su corazón está dividido. Y un corazón amargado es un corazón dividido.

En estos momentos podría estar pensando: «No puedo amar a mi esposo. Es una gran persona, pero no lo puedo amar.» Posiblemente aún está reaccionando a su pasado y abrigando resentimientos contra alguien. Eso es lo que le impide amar a su esposo. Y no es justo. No es justo para su esposo.

Muchas personas tienen una causa justa para su enojo. (Hace poco oí en la radio un informe noticioso que decía que una de cada tres mujeres y uno de cada siete hombres serán víctimas de abuso durante su vida.) Pero tenemos que dejar atrás el pasado y seguir adelante. Para comenzar a amar hoy a las personas, debemos cerrar la puerta del pasado. Y solo existe una forma de hacerlo, ¡perdonar! Perdone, por su bien, a quienes le hirieron y no porque ellos lo merezcan. Hágalo para restaurar su corazón. La gente de su pasado no puede seguir haciéndole daño hoy, a menos que permita que le lastimen guardando resentimientoscontra ellos.

Cada vez que se resiente con alguien, le entrega un pedazo de su corazón. Le entrega un poco de su atención, un poco de su mente. ¿Quiere que esa persona tenga un poco de usted? No. Entonces recupérelo, perdonando. Perdone a quienes le lastiman. En lugar de repasar ese dolor una y otra vez, déjelo ir.

Comience a tener pensamientos amorosos

El próximo paso para aprender amar a otros es tener pensamientos amorosos. La Palabra de Dios nos recuerda: «Cada uno debe velar no sólo por sus propios intereses sino también por los intereses de los demás. La actitud de ustedes debe ser como la de Cristo Jesús» (Filipenses 2:4–5). Ahora bien, ¿qué significa tener pensamientos amorosos? Significa que empezamos a interesarnos en las necesidades, dolores, problemas, deseos y metas de otras personas y no solo en las nuestras. Es más fácil entender a otra persona, cuando caminamos una milla en sus zapatos, como dice el dicho. Este es un hecho de la vida: La gente herida lastima a la gente. Si alguien lo lastima, es porque esa persona está herida. La gente herida daña a otros. Lo que necesitamos hacer es mirar más allá de los defectos de esa persona para ver sus necesidades. Entonces podemos aprender a amar.

¿No ha comprobado usted que es cierto que las personas más detestables y las menos amorosas son aquellas que más amor *necesitan*? Las personas a las que desearía pasar por alto son aquellas que necesitan desesperadamente dosis masivas de amor. Todos necesitamos amor. Si una persona no puede obtener amor, se esforzará por obtener atención. Y si no puede obtener una atención positiva, se esforzará por atraer una atención negativa. En el subconsciente está diciendo: «Me haré notar de una forma u otra.»

En el capítulo dos enfatizamos en que nuestros pensamientos determinan nuestras emociones. No podemos cambiar nuestros sentimientos, pero en secreto podemos cambiar nuestros pensamientos. Cuando cambiamos nuestra manera de pensar acerca de alguien, gradualmente cambiamos nuestros sentimientos hacia esa persona. Y si en lugar de pensar en las faltas de esa persona, comenzamos a pensar en sus necesidades, cambiaremos en consecuencia, nuestros sentimientos. ¡Inténtelo y vea los resultados!

Actúe con amor

El cuarto paso para aprender a amar es actuar con amor. Usted dirá: «Rick, me está diciendo que actúe con amor hacia alguien que ni siquiera me cae bien. No puedo hacer esto. Sería un hipócrita.» No, eso es lo que se llama amar por fe. Cuando ame por fe, y actúe de acuerdo a ese amor, comenzará a sentirlo.

Este es un punto importante. Es más fácil tener sentimientos como resultado de lo que hago, que actuar como resultado de mis sentimientos. Si actúo como si estuviera entusiasmado, pronto comenzaré a sentirme entusiasmado. Si actúo como si estuviera contento, antes de que se dé cuenta estaré contento. Pruebe esto ahora mismo. Ponga en su rostro su mejor sonrisa. Luego comience a reírse, con una risa que le salga de adentro. Al principio parecerá forzado, pero busque dentro de usted y recree el movimiento corporal de la risa. Comenzará a sentirse más feliz. Si comenzamos a actuar con amor, pronto nos sentiremos amorosos.

No solo nuestras acciones pueden influenciar en nuestras emociones sino que, como mencioné antes, nuestro pensamiento también influencia la manera cómo nos sentimos. Podemos atacar los sentimientos desde cualquiera de los lados, o mejor aún, desde ambos lados.

Cambie sus sentimientos indirectamente

Cómo usted piensa → Cómo usted siente → Cómo actúa

Si dice: «No puedo cambiar mis sentimientos», se centra directamente sus sentimientos. Usted no puede cambiar sus sentimientos directamente, pero los puede cambiar de forma indirecta al cambiar sus pensamientos y sus acciones.

Ahora, ¿cómo actúo con amor? Jesús nos ayuda en Lucas 6:27-28: «Amen a sus enemigos, hagan bien a quienes los odian, bendigan a quienes los maldicen, oren por quienes los maltratan.» Él nos manda a hacer cuatro cosas específicas.

Primero, dice que amemos a nuestros enemigos. ¿Cómo se ama a alguien que le hiere? Debe ignorar sus faltas. Efesios 4:2 dice: «Siempre humildes y amables, pacientes, tolerantes unos con otros en amor.»

Luego, Jesús también nos manda a «hacer el bien». ¿Cómo se hace bien a personas que ni siquiera le caen bien? Busque formas de ayudarlos. ¿Qué puede hacer para servirles, satisfacer sus necesidades, ayudarlos, beneficiarlos? Usted puede dar. Puede caminar la milla adicional. Le puede ofrecer ayuda práctica. Le puede hacer un favor. Puede descubrir sus verdaderas necesidades y satisfacerlas.

Jesús también dice que bendigamos a quienes nos maldicen. ¿Qué quiere decir esto? Se refiere a la forma en que usted habla *de* ellos, y a la forma en que le habla *a* ellos. Una bendición es una palabra positiva que se dice de otros o acerca de otros. Usted no los desprecia, sino que los levanta. Los motiva. Proverbios 12:18 dice: «La lengua del sabio brinda alivio.»

Por último, Jesús nos manda a orar por aquellos que nos maltratan. Orar por las personas no solo las cambiará, sino que también nos cambiará a nosotros. Pero, ¿cómo oramos? Oramos para que Dios bendiga a estas personas que nos están maltratando porque sabemos que la bondad de Dios conduce al arrepentimiento. Quizá Dios bendecirá tanto a estas personas que querrán cambiar. Pero aunque no cambien enseguida, orar por ellos cambiará nuestra actitud hacia ellos.

¿Entiende ahora? El amor es una acción. Primera de Corintios 13 dice que el amor es paciente, bondadoso, y mucho más. En los versículos del cuatro al ocho se enumeran quince acciones. Cuando actúa con amor, cuando es paciente o bondadoso, está mostrando el fruto del Espíritu. El amor no es el primer fruto mencionado, es *el* fruto. Todos los demás son simples expresiones del amor. El amor es paciente. El amor es bondadoso. El amor es alegre. El amor es la base de todas las acciones positivas.

Primero, debe entender que Dios lo ama. Entonces comienza a sentirlo, no solo de forma intelectual, sino en su corazón. Luego perdona a aquellos que lo hirieron con anterioridad para liberarse del pasado y así poder amar hoy. Después comienza a tener pensamientos amorosos y a actuar de forma amorosa, y los sentimientos comenzarán a llegar.

Espere lo mejor

El último paso para aprender a amar a otros, de alguna forma, es el más difícil: espere lo mejor de ellos. De esa persona que no le cae bien, espere lo mejor. Primera de Corintios 13:7 dice que si usted ama a alguien… siempre creerá y siempre *esperará lo mejor* de ella. El amor espera lo mejor. ¿Se ha dado cuenta que tendemos a vivir de acuerdo a las expectativas que los otros tienen de nosotros? El padre que siempre dice a su hijo: «Nunca llegarás a nada, eres un tonto», está preparando al hijo para el fracaso.

Cuando esperamos lo mejor, obtenemos lo mejor. Eso es amar por fe. Y amar por fe es la mayor fuerza del mundo. El amor es contagioso, y cambia a la gente. ¡Puede transformar una personalidad!

Usted puede estar pensando: «Bueno, me gustaría cambiar a mi cónyuge.» ¿Quiere saber cómo puede hacerlo? Le puedo dar el secreto en solo una oración. Así es como cambia a cualquiera: sus hijos, su cónyuge, un compañero de trabajo. **Trátelos de la forma que quiere que lleguen a ser**. ¿Quiere que su cónyuge tenga éxito? Trátelo como a una persona de éxito. ¿Quiere que sus hijos sean inteligentes? Trátelos como personas inteligentes, y no estúpidas. Trátelos de la forma que quiere que lleguen a ser. No lo haga como un acto de manipulación, sino porque sinceramente cree en ellos. El amor espera lo mejor.

Ahora puede estar pensando: *Bueno, estoy atrapado en un matrimonio que está muerto o muriéndose. No queda chispa alguna. Una vez hubo amor, pero ahora ya no hay amor. Una vez hubo sentimientos, pero ahora no queda nada.* Quizá usted oyó esta dolorosa declaración: «Ya no te quiero.» ¿Qué hará al respecto? ¿Terminar el matrimonio? No, usted le pide a Dios que renazcan esos sentimientos de amor.

Experimente el poder resucitador de Dios

En el primer capítulo hablamos del poder resucitador. Este poder levantó a Jesús de los muertos, y también puede resucitar una relación muerta. ¿Cómo reaviva un amor perdido?

«¿Podré aprender a amar a mi cónyuge de nuevo? ¿Podré revivir esos sentimientos que tenía cuando éramos novios? ¿Podrán volver a renacer en mí esos sentimientos?»

Sí, puede hacerlo.

«Pero están muertos y perdidos. Ya no siento nada.»

Usted puede recuperar esos sentimientos si decide tenerlos. No diciendo: «Voy a forzarme para amar.» Así no resulta. Usted no puede forzar un sentimiento. No puede forzar la chispa en su relación, pero puede atacar el problema de forma indirecta pensando y actuando con amor. Sus pensamientos y acciones producirán los sentimientos de amor.

En Apocalipsis 2, Cristo le habla a la iglesia de Éfeso. Les habla acerca del amor que perdieron: su amor por Dios. Ese amor se había convertido en algo frío y sin pasión y seguían de una forma mecánica su compromiso con Dios. Jesús les dijo que siguieran tres pasos para reavivar ese amor. Estos pasos también pueden aplicarse para reavivar cualquier relación. Jesús dijo: «¡*Recuerda* de dónde has caído! *Arrepiéntete y vuelve* a practicar las obras que hacías al principio» (Apocalipsis 2:4-5, énfasis del autor).

El primer paso para resucitar el amor es *recordar*, ¡recuerda de dónde has caído! (v. 5). Reavivar el amor perdido en su matrimonio comienza con pensar en la manera como usted amaba a su cónyuge. Recuerde los tiempos dichosos. Recuerde las cualidades que al principio capturaron su corazón. Debe decidir recordar las experiencias que compartieron juntos, los sucesos que los unieron. Tal vez fue mientras eran novios. Quizá fue al principio de su matrimonio. Quizá fue el nacimiento de un hijo o la compra de su primera casa. Sea cual sea el caso, comience por recordar estas cosas. No recuerde las malas experiencias. Esas son fáciles de recordar. Por el contrario, enfóquese en las cosas buenas que han pasado en su relación.

El segundo paso que Jesús nos pide dar para reavivar el amor es *arrepentirse.* La palabra *arrepentimiento* viene de la palabra griega, *metanoia,* la cual significa cambiar su mente, cambiar la forma de pensar. Así que cuando Jesús lo llama al arrepentimiento, le está llamando a comenzar a cambiar su forma de pensar acerca de la persona por la que perdió el amor. Deje de fantasear acerca de lo que pudo ser. Deje de soñar despierto acerca de lo que pudo ser la vida si se hubiera casado con otra persona. Deje de pensar cómo hubiera sido la vida si su cónyuge fuera diferente o hubiera hecho esto o aquello. Deje de torturarse con «¿Qué si?» En esa conversación interna usted se está convenciendo de esos sentimientos infelices. Deje de fantasear y comience a pensar en cosas positivas y verdaderas, de acuerdo a 1 Corintios 13. Si quiere reedificar un amor en su vida, memorice 1 Corintios 13. Medite y comience a actuar de acuerdo con eso.

El tercer paso que Jesús nos dice que demos para resucitar el amor *es hacer las cosas que hizo al principio.* El amor requiere acción. Debe trabajar en amar a su pareja, con el mismo empeño y creatividad que usó durante el noviazgo y el compromiso. Haga las cosas que hacía al principio. Quizá no tuvo una noche romántica durante meses, tal vez años. Puede ser que en meses ni siquiera tuvieron tiempo para estar a solas. Tome tiempo para salir en una cita y haga las cosas:

comprar flores, usar un traje especial, tal y como las hizo al principio. Permita que su creatividad reviva.

Deje de fantasear sobre hierbas más verdes en cualquier otro lugar. La verdad es que la hierba no es más verde en el otro lado de la cerca, ni tampoco es más verde en este lado. ¡La hierba es más verde donde se riegue! Si usa la energía que emplea en quejarse y fantasear y la invierte en mejorar su matrimonio, tendrá un gran matrimonio. Reavivará esos sentimientos perdidos, no importa cuánto tiempo haya pasado desde que los sintió por última vez. El amor resulta si lo cultiva.

Si se puede identificar con este problema de tratar de revivir un amor que está muriéndose, lo quiero retar a hacer dos cosas. Primero, entréguese por completo a Jesucristo. En realidad, no tengo muchas esperanzas para los matrimonios que no están basados en una entrega a Jesucristo. Todas las presiones de la cultura actual están trabajando contra el matrimonio. Creo que las estadísticas de divorcios me apoyan en esto. El hecho es que el amor humano no es lo bastante fuerte para resistir las tormentas de la vida. El amor humano se seca. Sin embargo, el *ágape*, el amor de Dios, nunca se acaba.

La raíz de sus problemas es espiritual. No es un problema emocional o un problema de relaciones. Su relación con Dios afecta la relación con su cónyuge y con todos los demás. Cuando no está bien con Dios, tampoco estará bien con las otras personas. Los planes verticales y los horizontales deben estar balanceados. Uno afecta al otro. El punto de partida es corregir su relación vertical con Dios y entonces será más fácil arreglar su relación horizontal con los demás.

El Espíritu Santo lo puede llenar con unas nuevas reservas de amor que nunca pensó tener. Usted necesita el amor de Dios, el poder de Dios. Así que entregue su vida por completo y sin reservas a Jesucristo.

La segunda cosa que debe hacer para revivir su matrimonio es entregarse por completo y sin reservas a su cónyuge, sin considerar sus faltas e imperfecciones. No caiga en el síndrome *te amaría si tú*: «Te amaría *si* tu me prestaras más atención. Te amaría *si* hicieras esto o aquello por mí.» Eso es un amor condicional. El amor de Dios es de la clase que dice: «Te amo, y punto. Te amo incondicionalmente.» En realidad, el amor de Dios dice: «Te amo a pesar de…» Nos dice: «Te amo a pesar de que eres imperfecto. Te amo a pesar de que tienes problemas. Te amo.» Ese es el amor *agape*, la clase de amor que será determinante.

Así que ore por una resurrección, y decida hacer lo que dijo Jesús: recuerde, arrepiéntase y actúe. Cuando haga esto, se sorprenderá de lo rápido que volverán sus sentimientos.

CUATRO

La elección: ¡Regocíjese!

Todo el mundo quiere ser feliz. Si le pregunta a la gente cuál es su ambición número uno en la vida, la mayoría le dirá: «Quiero ser feliz.» En el Condado Orange de California, donde vivo, ser feliz es un serio negocio. Quiero decir, trabajamos por esto. No hay lugar como este en la nación. Tenemos esta idea de que siempre debemos estar felices. Debo actuar, hablar y oler felizmente. Sin duda, debo verme feliz. Y si no lo estoy, debo fingirlo. Ponerse una máscara. Recuerde, se supone que debe pasarlo bien.

Siempre crea tensión tener que aparentar felicidad. Veo mucha más gente fingiendo felicidad que viviendo la realidad. El asunto es que no se pueden calificar todos los días con un «perfecto diez». No todo resulta de acuerdo a lo planificado. Algunos días son desastrosos. Seamos sinceros al respecto.

Es un mal día cuando...

Sabe que va a ser un mal día cuando llama a su servicio de mensajes y le dicen que no es asunto suyo. Sabe que va a ser un mal día cuando de repente la bocina del auto no funciona y está trabado detrás de una pandilla de motociclistas en la autopista. Sabe que va a ser un mal día cuando hunde sus dientes en un suculento bistec y se le quedan allí.

Es fácil ser feliz cuando todo anda de acuerdo a los planes. ¿Pero qué del resto de la vida? ¿Solo somos felices cuando las cosas salen a nuestro modo? Si es así, va ser un infeliz la mayor parte de su vida.

¿Cómo se puede ser positivo en un mundo negativo? ¿Cómo podemos mantenernos optimistas cuando todo está desbaratándose? Aquí es cuando llega la alegría. Gálatas 5:22 declara: «El fruto del Espíritu es ... alegría.» Y Filipenses 4:4 nos recuerda: «Alégrense siempre en el Señor. Insisto: ¡Alégrense!»

La felicidad depende de lo que sucede. «Hoy estoy contento porque las cosas salieron bien.»

El gozo es diferente. Es más profundo. El gozo es una actitud, una elección. El gozo es una función interior. No depende de las circunstancias. Es su elección el regocijarse. Esta es la verdad básica de este capítulo. Usted puede elegir, no importa cuáles sean las circunstancias, estar gozoso.

El gozo es lo que hace que disfrutemos la vida. Cuando aprendamos a elegir el gozo, la vida será mucho más plena. Como cristianos, podemos ser la gente más positiva del mundo. ¿Por qué? Romanos 5 nos da tres razones.

Tenemos esperanza

Romanos 5 comienza con estas palabras: «En consecuencia, ya que hemos sido justificados mediante la fe, tenemos paz con Dios por medio de nuestro Señor Jesucristo. También por medio de él, y mediante la fe, tenemos acceso a esta gracia en la cual nos mantenemos firmes. Así que nos regocijamos en la esperanza de alcanzar la gloria de Dios» (vv. 1-2). Pablo continúa explicando que el resultado de experimentar la gracia de Dios es que «nos regocijamos en la esperanza de alcanzar la gloria de Dios» (v. 2). Para un cristiano, ninguna situación es del todo desesperada.

Se dijo que una persona puede vivir cuarenta días sin comida, tres días sin agua, ocho minutos sin aire, pero ni un minuto sin esperanza. Tenemos que tener esperanza. Unos investigadores de la Universidad Cornell, estudiaron a veinticinco mil prisioneros de guerra de la Segunda Guerra Mundial. Su conclusión fue que una persona puede soportar casi cualquier cosa si tiene esperanza.

Muchas personas tienen esperanza, pero no la cimentan en nada sólido. Es una esperanza artificial, autoinflada. Y muchas personas basan su esperanza en cosas equivocadas: el mercado de valores, su buena apariencia, un gran sueldo, un buen trabajo, una buena familia. Sin embargo, todas estas cosas son temporales y pueden desaparecer. Al desaparecer, también se va la esperanza. Y el gozo, la verdadera felicidad, es imposible sin esperanza.

Pero los cristianos tienen una razón para estar positivos. Podemos regocijarnos porque nos regocijamos en la esperanza. En Romanos 12:12 Pablo nos recuerda: «Alégrense en la esperanza.» Pablo está hablando acerca de nuestra esperanza en Cristo. La esperanza que tenemos en Cristo es la primera razón por la cual regocijarnos, incluso en situaciones difíciles.

Dios tiene un propósito

Además, podemos regocijarnos porque Dios tiene un propósito en cada situación. Romanos 5:3 dice: «Y no sólo en esto, sino también en nuestros sufrimientos, porque sabemos que el sufrimiento produce perseverancia.» La palabra griega traducida aquí como «sufrimiento» significa angustia, y se refiere a cualquier cosa que nos presiona. A menudo se traduce como pruebas, aflicciones, presiones o problemas. Muchas personas tienen el concepto erróneo de que cuando salgan de todos sus problemas, serán felices. Pero mientras estemos vivos nunca saldremos de todos nuestros problemas. ¿No se fijó que cuando se resuelve un problema grande, entonces encuentra problemas pequeños de los que no se percató mientras estaba concentrado en el problema grande? El gozo es aprender a disfrutar la vida a pesar de los problemas. El gozo no es la ausencia de sufrimiento, sino la presencia de Dios. Es por eso que Pablo dice que nos regocijemos en el sufrimiento. Dios siempre está con nosotros.

No mal entienda esta idea de regocijarse en el sufrimiento. Pablo no está diciendo que debe fingirla. Él no está diciendo que sea un cristiano que todo lo ve color de rosa, con una sonrisa plástica en la cara, pretendiendo que todo anda bien, negando la realidad y actuando como si nada anduviera mal. No, Dios no espera que usted sea un farsante o un hipócrita. Él no está hablando de negar que las cosas están mal en su vida si en verdad lo están. Tampoco Pablo está hablando de ser masoquista. Algunos cristianos tienen ese complejo de mártires. Creen que mientras más sufren, más espirituales son. «En realidad estoy sufriendo por Jesús, y por lo tanto soy un gran cristiano.» El sufrimiento *puede* producir buenas cosas en su vida, pero Pablo no está hablando de masoquismo.

Nótese que Pablo dice que nos regocijemos *en* nuestro sufrimiento. Haga un círculo alrededor de esa palabrita *en*. Él no está diciendo que nos regocijemos *porque* estamos sufriendo. No está diciendo que disfrutemos el sufrimiento. Él dice que nos regocijemos *en* esto porque sabemos que detrás del sufrimiento hay un propósito. Los cristianos podemos estar positivos hasta en las situaciones negativas pues sabemos que Dios tiene un propósito al permitir esa situación. Tenemos una perspectiva que no tienen los que no son cristianos. Y nuestra perspectiva siempre determina cómo reaccionamos a los hechos que nos rodean.

Hace poco leí una carta que una colegiala le escribió a sus padres. Muestra con claridad cómo la perspectiva influye en nuestras reacciones. La carta decía:

Queridos mamá y papá:

Siento haberme demorado tanto en escribirles. Por desgracia, todos mis papeles para carta se destruyeron la noche en que los manifestantes le prendieron fuego a nuestros dormitorios. Ya salí del hospital, y los médicos dicen que debo, tarde o temprano, recuperar mi vista. Bill, el joven maravilloso que me rescató del fuego, tuvo la bondad de ofrecerme vivir en su pequeño apartamento hasta que arreglen el dormitorio. Él viene de una buena familia, así que no se sorprendan cuando les diga que nos vamos a casar. Ya que siempre quisieron ser abuelos, les encantará saber que el mes que viene lo serán.

P.D. Por favor, olviden todo lo anterior. No hubo fuego, no estuve en el hospital, no estoy embarazada y ni siquiera tengo novio. Pero saqué una D en francés y una F en química, y solo quería estar segura de que recibieran estas noticias en la perspectiva correcta.

El mundo depende de nuestras perspectivas. La forma de reaccionar ante los problemas del trabajo, de la casa, de salud, dependen de su perspectiva. Pablo dice que como cristianos podemos regocijarnos hasta en los tiempos difíciles ya que tenemos esperanza y porque sabemos que Dios está obrando en nuestras vidas. Por lo tanto, tenemos perspectiva.

Pablo nos recuerda que «sabemos que el sufrimiento *produce...*» Haga un círculo alrededor de esa palabra. ¡El sufrimiento puede ser productivo! Logra algo. Los problemas tienen un propósito. Tus pruebas y dificultades tienen valor. Es mucho más fácil sobrellevar el sufrimiento cuando se sabe que hay un propósito en él y que no es en vano.

Tuve el privilegio de ayudar en el parto de mis tres hijos. Quiero decirle, vi el dolor en la cara de mi esposa mientras estuvo de parto. Ahora entiendo por qué lo llaman «parto». Pero también vi la expresión de su cara cuando la enfermera le colocaba al nuevo bebé en sus cansados brazos. Su expresión revelaba que el esfuerzo y dolor valieron la pena. ¡Estos produjeron una nueva vida!

Ahora bien, ¿qué produce en realidad nuestro sufrimiento? Primero, Pablo dice que nuestro sufrimiento
produce perseverancia (Romanos 5:3). La palabra griega
para perseverancia significa literalmente «la habilidad de
manejar la presión». Esto es lo que es perseverancia: la
habilidad de manejar la presión, sostenerse, nunca darse
por vencido y seguir insistiendo. Cuando atravesamos un
tiempo difícil sin darnos por vencidos, nuestro carácter y
confianza se fortalecen, permitiéndonos en el futuro
aguantar aun más presión.

Después, Pablo dice que la perseverancia produce
carácter (Romanos 5:4). Esta palabra se presenta solo
seis o siete veces en la Biblia y significa «confianza pro-
bada». Es como el equipaje del cual hablamos que tira-
ban alrededor del salón. El equipaje tiene carácter.
Probó ser de confianza. Dios quiere convertirlo en esa
clase de persona, y usa el sufrimiento para lograrlo.
Usa los problemas en su vida para producir persevere-
rancia y carácter. Y el carácter interno —no las circunstancias— es lo que produce el gozo.

Entonces, dice Pablo, el carácter produce esperanza (Romanos 5:4). Recuerde, la palabra *esperanza* en la
Biblia no significa «deseo» ni «quiero». Quiere decir
confianza en el poder de Cristo. En lugar de cambiar
nuestra esperanza, ¡los problemas se crearon para aumentar nuestra esperanza!

No importa lo que sea, un problema que se buscó,
un problema que otra persona le trajo o un problema
del maligno, es un problema que Dios permitió. Si es
cristiano, nada llega a su vida por accidente.

Es muy importante que aprendamos esto, que hay
un propósito detrás de nuestros problemas, pero tam-

bién es importante entender que los problemas no producen perseverancia, carácter ni esperanza de forma automática. Usted debe conocer personas que pasaron tiempos difíciles, sin embargo, las dificultades y el dolor no produjeron ningún carácter positivo en sus vidas. En cambio se convirtieron en personas amargadas, enojadas y tensas. La perseverancia, el carácter y la esperanza son producidos en nosotros solo cuando *escogemos* la actitud correcta. ¿Y cuál es la actitud correcta? El *gozo* es la actitud correcta. Cuando aprendemos a regocijarnos en el problema, no *por* sino *en* el problema, entonces Dios lo usa para bien en nuestras vidas.

Santiago se hace eco de las enseñanzas de Pablo en este asunto: «Hermanos míos, considérense muy dichosos cuando tengan que enfrentarse con diversas pruebas, pues ya saben que la prueba de su fe produce constancia» (Santiago 1:2-3). Nótese de nuevo, el gozo viene «pues ya saben». Siempre es un asunto de perspectiva. Santiago continúa: «Y la constancia debe llevar a feliz término la obra, para que sean perfecto e íntegros, sin que les falte nada» (v.4). Dios dice que esos problemas en su vida tienen el propósito de producir madurez.

Ningún estudio del gozo cristiano estaría completo sin mencionar el libro de Filipenses. Si quiere entender el gozo, lea Filipenses. Diecinueve veces en esta pequeña carta Pablo habla acerca de regocijarse y tener gozo. Marque estos versículos y medite en ellos. Memorice algunos de ellos para que Dios los use para producir gozo en su vida.

A propósito, ¿sabe dónde estaba Pablo cuando escribió esta gozosa carta? ¡Estaba en la cárcel! Por lo general, no pensamos en la cárcel como un lugar para regocijarnos, pero Pablo había aprendido a estar contento en cualquier situación, y su gozo no dependió de sus circunstancias. Los cristianos pueden estar felices durante tiempos difíciles porque siempre hay esperanza y ¡porque el propósito de Dios siempre es mayor que cualquier problema!

Él está con nosotros

En Romanos 5:11 Pablo menciona una tercera razón por la cual podemos estar gozosos, «nos regocijamos en Dios por nuestro Señor Jesucristo, pues gracias a él ya hemos recibido la reconciliación». Podemos regocijarnos, no importa cuáles sean las circunstancias, porque Dios siempre está con aquellos que creen en él, no importa dónde estemos o lo que estemos encarando. Como creyentes, fuimos reconciliados con Dios mediante Jesucristo. Nos hemos convertido en amigos de Dios, y su amistad durará por siempre.

Tome unos minutos ahora mismo para meditar en Isaías 43:2. «Cuando cruces las aguas, yo estaré contigo; cuando cruces los ríos no te cubrirán sus aguas; cuando camines por el fuego, no te quemarás ni te abrasarán las llamas.»

Puede ser que esta semana necesite estos versículos. Están diciendo que, si es un creyente, Dios está con usted y nada puede agobiarlo. Nada lo puede destruir. El diablo no puede. (No tiene suficiente poder.) Otra gente no puede, y Dios no lo hará. *¡Nada lo puede agobiar!* No importa por lo que tenga que pasar en la vida, ¡nunca lo pasará solo! ¡*Esto* sí es razón para regocijarse!

Desarrolle un entrenamiento espiritual

El gozo es como un músculo. Mientras más lo ejercite, más fuerte será. Déjeme sugerirle cuatro ejercicios que desarrollarán el gozo interior. Haga estas cuatro cosas durante las próximas seis semanas y note la diferencia que habrá en su vida. Le garantizo que usted se convertirá en una persona más positiva y alegre. Hace años dieron resultados en mi vida cuando tomé esta decisión.

Primero, desarrolle la actitud de la gratitud. Primera de Tesalonicenses 5:18 dice: «Den gracias a Dios en toda situación, porque esta es su voluntad para ustedes en Cristo Jesús.» Esta es la actitud de la gratitud. Nótese otra vez que no tenemos que dar gracias *por* todas las circunstancias, pero debemos estar agradecidos *en* todas las situaciones.

Los sicólogos dicen que la gratitud es la emoción más saludable. Han Seyle, el padre de los estudios sobre la tensión, dice que la gratitud produce más energía emocional que cualquier otra actitud en la vida. ¿No se ha dado cuenta que es cierto que las personas más agradecidas son las personas más felices que conoce?

Lo desafío a buscar maneras de expresar gratitud esta semana y notará la diferencia. Quizá escriba una nota expresándole su aprecio a alguien. O haga una llamada telefónica para decirle a alguien cuánto significa en su vida. Y no se olvide de expresarle gratitud a Dios. El salmista dice: «El Señor es mi fuerza y mi escudo; mi corazón salta de alegría, y con cánticos le daré gracias.»

Si usted no es una persona gozosa, comience por cantar himnos de alabanza a Dios y observe cómo cambia su actitud.

Segundo, cultive el gozo interior al dar. Jesús nos enseña que «Hay más dicha en dar que en recibir» (Hechos 20:35). A muchos les pesa ofrendar. ¿Qué dice la Biblia? «Dios ama al que da con alegría» (2 Corintios 9:7). ¿Por qué? Quizá sea porque cuando ofrendamos es que más nos parecemos a Dios, y él no da a regañadientes.

Además, nuestra ofrenda determina cuánto Dios puede hacer en nuestras vidas. Cuando le ofrendamos con gozo, nos disponemos para recibir libremente de él. En Malaquías 3:10 leemos: «Traigan íntegro el diezmo para los fondos del templo, y así habrá alimento en mi casa. Pruébenme en esto —dice el SEÑOR Todopoderoso—, y vean si no abro las compuertas del cielo y derramo sobre ustedes bendición hasta que sobreabunde.» Ustedes oyeron sobre el Desafío Pepsi, pues bien, este es el ¡Desafío Celestial! No podemos ofrendar más que Dios. Como dijo el piadoso campesino: «Yo paleo para el almacén de Dios y él palea para el mío; y la pala de Dios es más grande.»

La tercera forma para desarrollar el gozo interno es a través del servicio: dé su vida para ayudar a otros. Jesús dijo que debemos perder nuestra vida para salvarla (véase Marcos 8:35). En el libro de Efesios, Pablo nos recuerda: «Sirvan de buena gana, como quien sirve al Señor y no a los hombres, sabiendo que el Señor recompensará a cada uno por el bien que haya hecho» (Efesios 6:7–8). Las personas más felices por lo general están demasiado ocupadas sirviendo y ayudando a otros para preguntarse «¿soy feliz?»

El gozo viene a medida que dejamos de concentrarnos en nosotros mismos para concentrarnos en ayudar a otros. Es posible que en su iglesia hayan muchos campos de servicio esperando por alguien como usted para ocuparlos. Pregúntele al pastor o al director de la Escuela Dominical si puede hacer algo para ayudar. ¡Le alegrará a ellos el resto día... después que recuperen el conocimiento!

El último ejercicio con el propósito de desarrollar el gozo interior es hablarle a otros de Cristo. Jesús dijo que hay gozo en los cielos por un pecador que se arrepiente (véase Lucas 15:10). El gozo más grande que sentí fue cuando entregué mi vida a Jesucristo; mi segundo gozo más grande fue el llevar a otros a él. Imagínese la escena en la gloria: Alguien a quien le testificó viene a usted y le dice: «Quiero agradecerte que te interesaras por mí y me dedicaras tiempo. Estoy aquí porque te preocupaste lo suficiente como para hablarme de Jesús.» Le digo, ese será un momento de regocijo. Pero esa es la culminación del gozo que comienza aquí y ahora cuando usted ayuda en el nacimiento de una nueva criatura en la familia de Dios.

A cada rato me encuentro con un cristiano que dice: «He perdido mi gozo.» La pregunta que quisiera hacer es: «¿Cuándo fue la última vez que guió a alguien a Cristo?» Por lo general transcurrió un tiempo largo. Preocupado por sus compañeros judíos, Pablo dijo: «Hermanos, el deseo de mi corazón, y mi oración a Dios por los israelitas, es que lleguen a ser salvos» (Romanos 10:1). Pídale a Dios que le de una carga como esta.

El gozo es escurridizo porque los mismos ejercicios que lo producen van en contra de lo que nuestra cultura enseña sobre el gozo. Nuestra cultura dice: «Vive para ti y olvídate de los demás.» Sin embargo, nuestro Señor nos dice que el gozo viene al desarrollar una actitud de gratitud y al dar de nuestras posesiones materiales, nuestro tiempo y nuestro conocimiento de las Buenas Nuevas. Lo desafío a probar estos cuatro ejercicios durante seis semanas. Si los practica fielmente, le garantizo que será una persona más gozosa.

CINCO

Viva en paz en un mundo de tensión

$\mathcal{T}$odos queremos tener tranquilidad mental. Ya sea una persona de negocios encarando presiones debido a las fechas límites en la oficina, un ama de casa tratando de dominar los hijos, o un estudiante tratando de pasar el semestre, todos quieren tener paz mental. Sin embargo, la mayoría de nosotros, si somos sinceros con nosotros mismos, tenemos que admitir que experimentamos más tensión que paz.

¿Qué tan familiarizado está con las tensiones? Le haré una pequeña prueba. Complete cada una de estas oraciones con la palabra apropiada:

Estoy listo a darme por...

Llegué al final de mi...

Soy un paquete de...

Mi vida se está...

Estoy hasta la...

Tengo deseos de renunciar al...

¿Cómo le fue? Si respondió *vencido, cuerda, nervios, desmoronando, coronilla* y *género humano,* en ese orden, califíquese con una $A+$. ¡Usted es un experto en el asunto de la tensión! La mayoría de nosotros repitió estos dichos tan a menudo que ya son parte de nuestra naturaleza.

La tensión es un factor desafortunado de la vida en nuestro mundo moderno. Todos están sufriendo de tensiones. Todos están tensos. Las estadísticas nos dicen que la gente en los Estados Unidos consume quince toneladas de aspirina todos los días. Las ventas de tranquilizantes son las más altas de todos los tiempos. Los libros sobre la paz de la mente se convierten al instante en best-sellers.

Tanto estrés no es saludable, nos dicen. ¿Qué tiene esto de nuevo? Eso lo sabemos desde hace siglos. Hace casi tres mil años que Salomón escribió: «El corazón tranquilo da vida al cuerpo, pero la envidia corroe los huesos» (Proverbios 14:30). La Biblia tiene mucho que decir acerca del estrés, y mucho más acerca de su antídoto: la paz mental. Pero, ¿qué es la paz?

Usted necesita tres tipos de paz

La Biblia habla acerca de tres clases de paz. Primero está la *paz espiritual*. La paz espiritual es la paz *con* Dios. Romanos 5:1 dice: «En consecuencia, ya que hemos sido justificados mediante la fe, tenemos paz con Dios por medio de nuestro Señor Jesucristo.» Este es el fundamento. Tenemos que tener paz con Dios antes que podamos tener otra clase de paz. Espero que encuentre esa paz. Solo hay un camino, y es a través de Jesucristo (Juan 14:6).

Luego viene la *paz emocional*. La paz emocional es la paz *de* Dios. Primero debemos de tener paz con Dios; esa es la paz espiritual. Entonces podemos tener la paz *de* Dios, esa es la paz emocional. En esto es lo que pensamos la mayoría de nosotros cuando consideramos la palabra paz, un sentido interno de bienestar y orden.

Colosenses 3:15 dice: «Que gobierne en sus corazones la paz de Cristo, a la cual fueron llamados en un solo cuerpo.» La palabra griega que aquí se traduce como *gobierne* solo se usa esta vez en la Biblia y significa «arbitrar». Este versículo dice que debemos permitir que la paz de Dios sea el árbitro en nuestras vidas. ¿Qué hace un árbitro? Mantiene la paz. Se asegura de que el juego se desenvuelva de manera tranquila y ordenada. Dios quiere darle un árbitro interno que lo mantenga en paz aunque todo parezca estar en caos.

¿Alguna vez oyó decir: «Necesito alejarme»? Tal vez usted mismo lo dijo. ¿Alguna vez estuvo tan cansado por la noche que su cuerpo cae a la cama rendido pero su mente sigue funcionando? Su mente va corriendo de un pensamiento a otro. Pues bien, sí *puede* alejarse. Hoy se puede ir a Tahití, pero si no tiene paz emocional, su mente seguirá corriendo en la playa de Tahití. Usted no puede huir. Necesita tanto la paz espiritual como la paz emocional.

Tercero, necesita *paz relacional*, o paz con otras personas. Esto es lo que la Biblia llama paz *con los hombres*. Romanos 12:18 dice: «Si es posible, y en cuanto dependa de ustedes, vivan en paz con todos.» La paz relacional reduce el conflicto.

Es seguro que estará de acuerdo conmigo en que las relaciones pueden ser fuente de tensión. Para la mayoría de nosotros, los problemas más grandes tienen que ver con la gente: llevarse bien con el jefe, la familia, los parientes. Con frecuencia debemos manejar los conflictos, la competencia y las críticas. Todo esto puede robar nuestra paz.

Con cuánta desesperación necesitamos la paz espiritual, emocional y relacional. Pero, ¿en realidad podemos encontrar paz?

Entienda la promesa de paz de Dios

Mire lo que Jesús nos prometió en Juan 14:27: «La paz les dejo; mi paz les doy. Yo no se las doy a ustedes como la da el mundo. No se angustien ni se acobarden.» Él dijo estas palabras justo antes de ir a la cruz.

La paz de Jesús es un don. No podemos trabajar por ella ni podemos ganarla. No podemos programarnos para ella. No podemos trabajar con ahínco para obtenerla. Es un regalo que simplemente aceptamos.

Él también dice que su paz es diferente de la que el mundo da. La paz mundial es una paz frágil. ¿Cuántos ceses de hostilidades tuvimos en los últimos dos años? Alguien calculó que en los últimos tres mil quinientos años el mundo tuvo doscientos ochenta y seis años de paz. La paz del mundo es temporal.

Por último, la paz de Dios no está relacionada a las circunstancias. La paz de Dios nos permite estar tranquilos en medio de los problemas. Ahora, ¿cómo obtenemos esta paz? A continuación hay cinco claves para adquirir la paz perfecta de Dios.

Obedezca los principios de Dios

Primero, si queremos paz, debemos obedecer los principios de Dios que se encuentran en su Palabra. Haga exactamente lo que dice la Biblia. El salmista dijo: «Los que aman tu ley disfrutan de gran bienestar, y nada los hace tropezar ... Con todo mi ser cumplo tus estatutos. ¡Cuánto los amo!» (Salmo 119:165,167). Dios dice que la paz viene cuando vivimos en armonía con él, cuando hacemos lo que él dice que hagamos.

Hace poco compré un automóvil. En la guantera de un carro nuevo hay un manual para el dueño. Este manual me dice que si hago algunas cosas en ciertos momentos, obtendré un rendimiento mejor de mi carro.

La Palabra de Dios es su manual del dueño para la vida. Contiene principios de salud, finanzas, matrimonio, relaciones, negocios y mucho más. Usted puede pasar por alto estos principios, pero si lo hace, no tiene a quien culpar por sus problemas, excepto a usted. Si no obedece estos principios, no experimentará la paz. Así como un carro se desplaza mejor si sigue las instrucciones del diseño, su vida será mucho mejor si la vive de acuerdo al diseño de Dios tal y como se presenta en su Palabra. Es así de sencillo. Si quiere tener paz, obedezca los principios de Dios.

Acepte el perdón de Dios

Además, si queremos paz, debemos aceptar el perdón de Dios. ¿Qué significa perdonar? Quiere decir liberarse del castigo.

Para la mayoría de las personas, la culpa es el destructor número uno de la paz. Cuando nos sentimos culpables, nos sentimos obsesionados y perseguidos por nuestro pasado. ¿Qué si alguien se entera? ¿Qué si alguien ve el esqueleto en el clóset? Por eso es que leemos en el periódico acerca de personas que, treinta años después de los hechos, restituyen el mal que hicieron en aquel entonces. Dicen: «Viví en un infierno durante treinta años y lo tenía que sacar de mi mente.» La única forma de tener paz mental es tener una conciencia limpia, y solo Dios puede darla.

Miqueas 7:18 dice: «¿Qué Dios hay como tú, que perdone la maldad y pase por alto el delito? No siempre estarás airado, porque tu mayor placer es amar.» Note que Miqueas dice que Dios está ansioso, deseoso e interesado, en borrar tus cuentas con él. Esa es su naturaleza. Le gusta perdonar. Alguien dijo que Dios tiene un borrador grande. La palabra de Dios nos dice: «Si confesamos nuestros pecados, Dios, que es fiel y justo, nos los perdonará y nos limpiará de toda maldad» (1 Juan 1:9). El perdón de Dios está disponible, así que si no tiene una conciencia limpia, obtenga una hoy.

Concéntrese en la presencia de Dios

Si queremos paz, debemos concentrarnos en la presencia de Dios. Debemos reconocer que Dios está siempre con nosotros, y debemos aprender a sentir su presencia. Isaías 26:3 nos recuerda fijar nuestra mirada en Dios: «Al de carácter firme lo guardarás en perfecta paz, porque en ti confía.» Tenemos la opción de concentrar la atención en nuestros problemas o en Dios, que tiene la solución. Corrie ten Boom, autora de *Refugio Secreto*, escribió: «Mientras más oscura sea la noche que nos rodea, más brillante y más verídica y más hermosa arderá la Palabra de Dios» (Guideposts, p.177, del original en inglés). Si mira al mundo, se angustiará; si busca adentro, se deprimirá; pero si mira a Cristo, descansará. En lo que se concentre será lo que determine su nivel de paz personal. Concéntrese en la presencia de Dios; él está con usted y prometió que nunca le abandonará.

En la oficina de nuestra iglesia, los viernes por la tarde, a veces hacemos cosas tontas. Un viernes por la tarde estábamos jugando con puntos de tensión. ¿Usted sabe lo que son puntos de tensión? James Dobson habló de estos en su programa de radio, así que le escribimos para conseguir un juego. Son unos pequeños puntos sensibles a la presión que se colocan en la mano y sirven para medir la tensión nerviosa. De la misma forma que la adrenalina cambia en su sistema, los puntos cambian de color y muestran si tiene tensión. Estábamos experimentando con ellos para ver si podíamos afectar el nivel de tensión entre unos y otros. Recuerdo que dije: «¿No sería maravilloso tener señales internas con lucecitas que nos avisaran cada vez que dejamos de concentrarnos en el Señor? ¿O qué si tuviéramos una señal o una luz de aviso que nos indicara cuando no estamos en armonía con Dios?» Entonces me di cuenta que ¡sí tenemos luces de aviso! Se llaman tensión o estrés. Ponerse tenso es una clara indicación de que quitamos nuestros ojos del Señor y los pusimos en las circunstancias. Estamos mirando al problema en lugar de la solución. Ahora bien, cuando mira a un problema, se va a poner tenso. Pero trate de recordar que la tensión es la forma que Dios tiene para decirnos: «Organiza tu enfoque: mírame a mí.»

El salmista dice: «Dios es nuestro amparo y nuestra fortaleza, nuestra ayuda segura en momentos de angustia» (Salmo 46:1). Más adelante en el mismo capítulo él nos recuerda: «Quédense quietos, reconozcan que yo soy Dios» (Salmo 46:10). Estos versículos tienen un trasfondo interesante. No los escribió David, este salmo fue escrito durante el tiempo de Ezequías, muchos años después de la muerte de David. Senaquerib, el rey de Asiria, atacó la nación de Israel. Los soldados enemigos habían rodeado a Jerusalén, y los israelitas estaban nerviosos. Sabían que el peligro era grande, así que hicieron esta oración. Cinco minutos antes del mediodía, Dios mandó una plaga y murieron ciento ochenta y cinco mil asirios. Jerusalén estaba a salvo y todos estaban felices. Ese es el contexto de este salmo. Esto nos recuerda que Dios es nuestro refugio; él es nuestra fortaleza, no importa lo abrumadora que parezca nuestra condición. ¡Él es la ayuda siempre presente en momentos de dificultad!

Este salmo nos dice dos cosas sobre recibir la ayuda de Dios en tiempos problemáticos. La primera cosa es *quedarse quieto* cuando tenemos problemas. Allí, la palabra hebrea significa aliviarse, dejarlo ir. Se dice que la mayoría de nuestros problemas vienen de nuestra falta de habilidad para quedarnos quietos. ¿Cuándo fue la última vez que se sentó quieto y se concentró en el Señor? Pruébelo ahora mismo. Respire profundo, exhale, y concéntrese en la presencia de Dios que lo rodea. Haga esto de cincuenta a sesenta veces al día, cada vez que sienta que la tensión aumenta. Tome mini vacaciones mentales. Quédese quieto. La prisa es la muerte de la oración.

Además de decirnos que nos quedemos quieto, el Señor nos recuerda: *Reconozcan que yo soy Dios.* ¿Sabe que justo en el medio de un huracán o tornado hay un centro tranquilo, que se llama el ojo? De igual forma, aunque todo se deshace alrededor de usted, puede haber un centro tranquilo en su vida. Esté *quieto* y *sepa*. Obedezca los principios de Dios, acepte el perdón de Dios, concéntrese en su presencia, «y la paz de Dios, que sobrepasa todo entendimiento, cuidará sus corazones y sus pensamientos en Cristo Jesús» (Filipenses 4:7).

Confíe en los propósitos de Dios

Si queremos experimentar la paz de Dios, debemos confiar en los propósitos de Dios. Aun cuando las cosas no tengan sentido, debemos confiar en los propósitos de Dios. Escuche lo que dice Proverbios 3:5-6: «Confía en Jehová con todo tu corazón, y no te apoyes en tu propia prudencia. Reconócelo en todos tus caminos, y él hará derechas tus veredas» (RVR 95). ¿Cuántos verbos usted ve en estos versículos? Hay cuatro de ellos. El primero es *confía*. Está seguido de *no te apoyes, reconócelo* y *hará*. Los primeros tres verbos se usan como mandatos: confía, no te apoyes y reconócelo. El cuarto verbo se usa para expresar una promesa. Dios dice: «Y él hará derechas tus veredas.»

Consideremos confiar por un minuto. ¿Ha notado que muchas cosas en la vida no tienen sentido? ¿Y siente que muchas de las cosas en la vida están fuera de su control? ¿Qué hace en estas situaciones? ¡Confiar! A decir verdad eso es todo lo que puede hacer. «No te apoyes» dice lo mismo. No trate de descifrar la vida por su cuenta. ¿No es verdad que siempre tratamos de hacer esto? Perdemos muchísimo tiempo y energía tratando de descifrar las cosas. Dios nos exhorta a solo confiar en él.

La mayoría de la gente se preocupa por dos problemas comunes: enfermedad y muerte. Todos encaramos enfermedades, y algún día todos moriremos. ¿Cómo puede tener paz cuando un ser querido está enfermo de muerte? ¿Cómo debo reaccionar cuando un amigo muere de repente? Dios me pide que confíe en él, que no trate de descifrar esto por mi cuenta.

Hay personas que me dicen en muchas ocasiones que cuando por fin dejaron de tratar de imaginar por qué Dios permitió que sucediera algo y comenzaron a confiar en él, entonces llegó la paz. Necesitamos aceptar el hecho de que no todas nuestras preguntas serán contestadas en esta vida.

Una de las lecciones que estoy aprendiendo de forma lenta es que no tengo que entender el *porqué* ni el *cómo* ni tampoco el *cuándo* Dios hace lo que hace, todo lo que tengo que hacer es confiar en él para experimentar su paz. Mientras me esfuerzo por arreglar las cosas, en realidad no estoy confiando en Dios y es probable que no tendré paz. Tenemos que confiar en Dios con nuestras vidas y con la vida de nuestros seres queridos.

El escritor de Proverbios nos insta a confiar en Dios y a no depender de nuestra propia prudencia. Luego nos recuerda que reconozcamos a Dios. Ahora, ¿qué quiere decir reconocer a Dios? Significa aceptar el hecho de que Dios controla soberanamente el universo, incluyendo la parte en que usted y yo vivimos. Debemos reconocer que Dios tiene el control y que él no comete errores. Un día de estos voy a predicar un sermón de las palabras o expresiones que nunca le oímos a Dios decir. Una de estas expresiones es *¡ah, ah!* Dios nunca tiene que decir: «¡Ah, ah!», porque nunca comete un error. Todo lo que pasa en su vida encaja en el plan de Dios para usted. Él usa cada situación, hasta los problemas, angustias y dificultades que usted mismo se

busca, para lograr su propósito en la vida suya. Él aco-
moda todo perfectamente en su plan y propósito para
usted. Lo único que Dios espera de usted es que confíe
en él sin tratar de descifrarlo todo. Reconozca que Dios
lo domina todo.

Cuando hace esto, tiene su promesa de que él dirigi-
rá su vida o como lo dice la versión NVI «y él allanará tus
sendas» (Proverbios 3:6). Muchos de nosotros, cuando
tratamos de dirigir nuestras vidas, seguimos caminos
fortuitos llenos de indecisión, «¿debo hacer esto o aquello? ¿Debo ir aquí o allí?» La indecisión produce estrés.
Pero si confiamos en el Señor, él dirige nuestras sendas
y las hace rectas, no llenas de tensiones.

El apóstol Pablo aprendió esta lección. Él tenía paz
porque sabía que Dios dirigía su vida. Aun cuando estaba encerrado en una prisión de Roma, pudo escribir:
«He aprendido a vivir en todas y cada una de las circunstancias, tanto a quedar saciado como a pasar hambre, a tener de sobra como a sufrir escasez» (Filipenses
4:12). Luego nos dice el «secreto» aprendido: «Todo lo
puede en Cristo que me fortalece» (4:13). Note que esto
fue algo que Pablo tuvo que *aprender*; no le llegó de forma natural, como tampoco nos llega a nosotros. Él
aprendió a confiar en el Señor y a permitirle que guiara
su vida por lo que estaba satisfecho, en paz. El lugar
más seguro, el lugar más sereno para estar es en el centro de la voluntad de Dios.

Una de mis escenas favoritas en la Biblia es cuando
Jesús y los discípulos están en un bote de pescar en el
Mar de Galilea y se presenta una tormenta. ¿Recuerda
la historia? Se encuentra en Lucas 8:22–25 por si quiere revisar los detalles. Lo que me fascina es que Jesús

pudiera dormir en medio de aquella furiosa tormenta. Sabemos que la tormenta era fuerte por la manera en que reaccionaron los discípulos. Recuerde, un grupo de ellos eran pescadores experimentados, habían pasado muchas tormentas. Pero les pareció que no podrían pasar esta. En el medio de esta tormenta y la conmoción en el bote, Jesús estaba profundamente dormido. ¿Cómo podía dormir? Porque sabía algo que los discípulos no sabían: él sabía que todo estaba bajo control. No parecía que lo estuviera, pero con solo una palabra de Jesús calmó la tormenta.

Pedro aprendió algo de este incidente sobre tener una buena noche de descanso. Unos años más tarde, el rey Herodes lo arrestó y lo encarcelaron para esperar la ejecución. La noche antes de matar a Pedro, Dios envió un ángel que lo rescató. Leemos sobre esto en Hechos 12. Fíjese que el ángel tuvo que darle a Pedro unas palmadas en el costado para despertarlo (v.7). ¡Pedro estaba durmiendo como un bebé! ¿Por qué? Porque confiaba en el Señor que dirigía su vida, ¡esto es paz, verdadera paz!

Pida la paz de Dios

Si queremos paz, debemos pedirla. De nuevo en Filipenses 4, Pablo nos dice: «No se inquieten por nada; más bien, en toda ocasión, con oración y ruego, presenten sus peticiones a Dios y denle gracias. Y la *paz de Dios,* que sobrepasa todo entendimiento, cuidará sus corazones y sus pensamientos en Cristo Jesús» (vv. 6–7, énfasis del autor). Note el orden: primero oración y luego paz. Aquí hay una relación de causa y efecto. La oración es la causa, paz es el efecto.

Si no está orando, con seguridad se está preocupando. Y la preocupación es una emoción ¡tan inservible! La preocupación es lo opuesto a la paz, no pueden convivir. En inglés, la palabra *preocupación* (worry) viene de la palabra en alemán *wergen*, que significa «ahogar». Eso es lo que hace la preocupación, ahoga su vida. Jesús lo dijo al explicar la parábola del sembrador en Lucas 8. Observe sus palabras: «La parte que cayó entre espinos son los que oyen, pero, con el correr del tiempo, los ahogan las preocupaciones, las riquezas y los placeres de esta vida, y no maduran» (v. 14). ¿Lo ve? «Ahogado por las preocupaciones de la vida.»

Cuando la presión aumente, no se asuste ... ¡ore! La oración es un tremendo liberador de estrés. Puede ser su válvula salvadora. Cuando la presión aumente en su sistema y sienta que está a punto de explotar, abra la válvula salvadora de la oración. Convierta sus preocupaciones en oraciones.

Hace tiempo asistí a un seminario para controlar las tensiones y una de las cosas que aprendí es que todos necesitamos un oyente incondicional para descargarnos. «Háblele a su mascota» fue una de las sugerencias. El principio es válido: necesitamos un oyente incondicional para liberarnos; alguien que no se ponga nervioso a consecuencia de nuestra descarga; alguien que no piense menos de nosotros por lo que estamos diciendo. Pero hablar de corazón a corazón con un hámster no es el ideal de Dios. ¿Quién mejor que Dios para «depositar» nuestras quejas? Pedro usa esta imagen cuando dice: «Depositen en él toda ansiedad, porque él cuida de ustedes» (1 Pedro 5:7). ¡Deposítelo en el Señor! Dios no se va a «poner nervioso» por lo que le diga. Él ya sabe todo sobre usted y de todas formas le ama. El maestro del seminario tenía la idea correcta; pero no conocía a la persona apropiada para hablar. La oración, después de todo, es hablar con Dios. Dígale lo que tiene en su mente, qué le está atribulando y reconozca que él domina el universo, su vida inclusive. Pídale que satisfaga sus necesidades. Él puede hacer esto mucho mejor que una manada de hámsteres.

«No se angustien. Confíen en Dios, y confíen también en mí» (Juan 14:1). Usted no experimentará la confianza o la paz perdurable hasta que Jesucristo esté a cargo de su vida. La paz, recuerde, no es una vida sin problemas; es un sentido de calma en el medio de las tormentas de la vida.

¿Qué le está robando su paz hoy? ¿Es una culpa? Vuélvase a Dios para que lo perdone. ¿Es una preocupación? ¿Un cambio de trabajo? ¿Finanzas? ¿Cirugía mayor? ¿Una persona difícil? Usted puede hablarle a Cristo acerca de todas estas cosas o cualquiera otra que le esté molestando. Se sentirá mejor al hacer eso, y recuerde, ¡Él puede hacer algo al respecto!

¿Cuál es su mayor temor? ¿Soledad? ¿Temor al fracaso? ¿Muerte? ¿Enfermedad? ¿Cambios? ¿Responsabilidad? Ore esta conocida oración, llamada la Oración de la Serenidad: «Señor concédeme serenidad para aceptar las cosas que no puedo cambiar, valor para cambiar aquellas que puedo, y sabiduría para reconocer la diferencia entre estas dos cosas.» El maravilloso resultado de su oración será la paz.

SEIS

Cómo desarrollar su paciencia

John Dewey dijo que la paciencia es la virtud más útil del mundo. A decir verdad, la necesitamos en todo tiempo y en todo lugar. Proverbios 16:32 dice: «Más vale ser paciente que valiente; más vale dominarse a sí mismo que conquistar ciudades.»

Hace años, mientras atravesaba tiempos difíciles, comencé a orar: «Señor, dame más paciencia.» Esperaba que mis problemas disminuyeran, ¡pero empeoraron! Entonces dije: «Señor, dame más paciencia», ¡y los problemas llegaron a ser realmente malos! Después me di cuenta que Dios sí había contestado mi oración. Ahora soy mucho más paciente, gracias a los problemas.

Al «probar» nuestra paciencia, Dios nos da verdadera paciencia. Es fácil parecer paciente cuando todas las cosas marchan a su manera. Pero, ¿qué pasa cuando las cosas no salen así? Quizá sea como la persona que oró: «Señor, dame paciencia, ¡pero la quiero ahora mismo!»

Una de las tirillas cómicas de «Peanuts» comienza con Lucy orando al lado de su cama. Luego se levanta, camina y le dice a Linus: «Estaba orando por más paciencia y comprensión, pero dejé de hacerlo.» Luego, en el último cuadro ella dice: «Temí que me las dieran.»

¿Tiene miedo de pedir paciencia por temor a que se la puedan dar? ¿Es usted paciente? Aquí hay cuatro formas de probar su paciencia.

Pruebe su paciencia

La primera prueba son las *interrupciones*. Usted sabe lo que quiero decir. Se sienta a comer y suena el teléfono. O está bañándose y un vendedor toca a la puerta. O está trabajando con una fecha límite y llegan visitas. Nuestros mejores planes a menudo se interrumpen.

¿Tiene que lidiar con las interrupciones en el trabajo? Anímese. Cuando Johannes Brahms estaba escribiendo su famosa canción de cuna, tuvo tantas interrupciones en su vida que le llevó siete años componerla. Alguna gente piensa que simplemente se quedaba dormido en el piano.

Hasta los discípulos se sintieron impacientes con la gente que interrumpían el horario de Jesús (Mateo 19:13-14). Le decían a la gente: «No, ahora no traigan sus hijos a Jesús. El Maestro está ocupado» (paráfrasis del autor).

¿Cómo reacciona ante las interrupciones? Esa es la primera prueba de su paciencia.

Los *inconvenientes* son la segunda prueba de su paciencia. ¿Cómo trata los inconvenientes en la vida? Los estadounidenses detestan estar retrasados. Somos la generación de «ahora». Tenemos una mentalidad de microondas. Queremos lo que se nos antoja en segundos. Tenemos arroz al minuto, café instantáneo y comida rápida. No nos gusta esperar.

También queremos la información al instante; nos gustan las noticias al día. En tiempos de elecciones, los encuestadores dan los resultados de las elecciones antes de que hayamos votado. Cien años atrás a la gente no les preocupaba perder la diligencia. Siempre podían irse en la próxima, uno o dos días después. ¡Hoy nos da un ataque de corazón si perdemos la puerta giratoria! Andamos tan apurados. Tenemos que estar en la marcha. ¡No podemos esperar!

En Lucas 10:40 leemos de una mujer que tenía problemas de paciencia cuando enfrentaba inconvenientes. Jesús está en la casa de Marta y María, y Marta está ocupada preparando la comida. Marta tiene coraje con María porque esta la dejó sola haciendo todo el trabajo. Casi puede oírse la irritación en su voz cuando le dice a Jesús: «Señor, ¿no te importa que mi hermana me haya dejado sirviendo sola? ¡Dile que me ayude!» Tal vez usted también se sienta así. Tal vez esté llevando una carga extra, y se siente molesto. A usted también le gustaría estar sentado a los pies de Jesús, pero hay trabajo que hacer y usted es el único que parece darse cuenta. ¿Cómo reacciona? ¿Es paciente a pesar de los inconvenientes?

La tercera prueba de su paciencia son las *irritaciones*, esas cositas en la vida que le molestan. ¿Cómo las controla? A continuación una lista de algunas cosas irritantes que escuché en el último mes: embotellamiento del tráfico, filas largas, llamadas telefónicas, llaves perdidas, comida fría, aviones retrasados, llantas ponchadas, baños ocupados, grupos de música rock en el vecindario. Estoy seguro que usted podría hacer su lista personal. Algunas de estas irritaciones se pueden controlar, pero la mayoría no. Así que debemos aprender a enfrentarlas. Eso produce paciencia.

Moisés estaba molesto con los israelitas en la narración de Números 20:10–11. Durante años había soportado quejas y críticas, y ya no le quedaba paciencia. Cuando Dios le dijo que le hablara a la piedra para sacar agua, Moisés en cambio, la golpeó airado. Su impaciencia le causó desobedecer a Dios. Como resultado, Dios no permitió que Moisés entrara en la tierra prometida. Moisés era un hombre paciente, pero aun las personas pacientes tienen su límite, o así parecería.

El libro anual de la Enciclopedia Británica de 1982, bajo el título «Sucesos extraños y poco usuales» nos cuenta de un hombre llamado Brian Heise:

> Brian Heise tenía más que su parte de suerte en julio, y en su mayoría era mala. Cuando su apartamento en Provo, Utah, se inundó a causa de la rotura de un tubo en el apartamento de arriba, el administrador le pidió que saliera y alquilara una aspiradora de agua. Así fue que descubrió que su carro tenía una goma ponchada. La cambió y fue adentro nuevamente para llamar a un amigo por teléfono y pedirle ayuda. El corrientazo que le dio el teléfono fue tan grande que inadvertidamente sacó el aparato de la pared. Antes de poder salir del apartamento por segunda vez, un vecino tuvo que tumbar la puerta de su apartamento porque el agua la había dañado y no abría. Mientras todo esto sucedía, alguien le robó el carro a Heise, pero casi no tenía gasolina. Lo encontró a varias cuadras de distancia pero tuvo que empujarlo hasta el garaje, donde llenó el tanque. Esa noche, Heise asistió a una ceremonia militar en la

Universidad Brigham Young. Se hirió severamente cuando de alguna forma se sentó en la bayoneta que había tirado en el asiento del frente de su automóvil. Los médicos pudieron coserle la herida, pero nadie pudo resucitar los cuatro canarios de Heise que murieron aplastados con el yeso que cayó del techo. Después de Heise resbalarse en la alfombra mojada y lastimarse el coxis, comenzó a preguntarse si «Dios lo quería muerto, y sencillamente no estaba dando en el blanco».

¡Y usted cree que tuvo días malos!

Para muchos de nosotros, las personas son la irritación más grande. Quizá se sienta como el taxista de Nueva York que dijo: «Usted sabe, no solo disfruto el trabajo, sino la gente con la que choco.»

Todos chocamos con gente que nos irrita o que nos deprimen. Debemos aprender la lección de la ostra. La ostra toma algo que la irrita, un grano de arena, y lo convierte en una perla. Aprender a responder positivamente a la irritación le capacitará para transformar sus irritaciones en perlas.

La cuarta prueba de su paciencia es la *inactividad*. La mayoría de nosotros preferiríamos hacer cualquier cosa antes que esperar. Odiamos esperar en la consulta del médico, o pararnos en fila en el supermercado o tener que quedarnos en cama.

¿Sabe que pasará seis meses de su vida parado ante una luz roja esperando que cambie a verde? ¿Y notó que cuando la luz cambia a verde, si no se mueve en dos segundos, el tipo que está detrás se pone rojo? ¿No es interesante cómo admiramos la paciencia en el chofer que está detrás de nosotros, pero no la del que está al frente? ¿Cómo maneja la inactividad?

Usted puede aprender muchísimo de las personas observando cómo esperan que el elevador llegue a su piso. Algunas personas son mecedoras; se mecen de un lado al otro. Algunas personas son rebotadoras. Rebotan hacia arriba y hacia abajo mientras esperan que el elevador comience a moverse. Algunas personas son empujadoras. Se la pasan empujando el botón, como si eso hiciera que el elevador llegara más rápido. No pueden pararse y esperar. Tienen que hacer algo para sentir que tienen el control.

Job es un ejemplo de un hombre que no podía hacer nada, excepto esperar (a menudo hablamos de «la paciencia de Job»). Él dijo: «Cada día de mi servicio obligatorio esperaré a que llegue mi relevo» (Job 14:14). Podemos aprender mucho del ejemplo de Job.

La Biblia dice: «Mucho yerra quien mucho corre» (Proverbios 19:2). Las investigaciones médicas están de acuerdo con esto. Descubrieron una nueva enfermedad llamada «enfermedad de la prisa». Los doctores Rosenman y Freedman dicen que el noventa por ciento de las víctimas de ataques de corazón tienen esta personalidad «apurada» tipo A. Su habitual impaciencia les mete en problemas.

Ahora, ¿qué causa la impaciencia? La falta de paz. Tal vez fue por eso que Dios puso en la lista de los frutos del Espíritu la *paciencia* exactamente después de *paz*. Cuando tiene paz en su corazón, casi nada lo puede impacientar. Pero cuando no tiene paz en su corazón, casi todo lo impacienta. Así que, ¿cómo puedo aprender a ser una persona paciente? La Biblia revela una respuesta dividida en cuatro partes.

Desarrolle una nueva perspectiva

Primero, desarrolle una nueva perspectiva. Busque una manera nueva de mirar la situación o la persona que le está ocasionando problemas. La paciencia comienza al cambiar la manera en la que usted ve algo. Cuando estoy impaciente, tengo una perspectiva limitada. Veo: *mis* necesidades, *mis* deseos, *mis* metas, *mis* intereses, *mi* horario, y cómo usted está desarreglando *mi* vida. La raíz de la impaciencia es el egoísmo. Así que necesito tener una nueva perspectiva de la vida. Necesito aprender a ver las cosas desde el punto de vista de los demás.

¿Le gustaría saber el secreto del éxito? Aquí está. Si quiere ser un esposo o esposa con éxito, aprenda a ver la vida desde el punto de vista de su cónyuge. Si quiere ser un padre con éxito, aprenda a ver la vida desde el punto de vista de sus hijos. Si quiere ser un negociante con éxito, aprenda a ver la vida desde el punto de vista de su cliente. Si quiere ser un patrón de éxito, aprenda a ver la vida desde el punto de vista de su empleado. Mire la situación desde la perspectiva de los otros y descubra por qué se sienten como se sienten. No conozco nada que tenga un mayor potencial para disminuir el conflicto en su vida.

Ahora vea lo que dice la Biblia en el libro de los Proverbios. El escritor explica: «El buen juicio hace al hombre paciente; su gloria es pasar por alto la ofensa» (Proverbios 19:11). Note las palabras *buen juicio*. Buen juicio equivale a sabiduría, y ¿sabe qué es sabiduría? Es ver la vida desde el punto de vista de Dios, es tener la perspectiva de Dios en una situación. Desde esa perspectiva obtengo tres puntos de vista importantes.

(1) Soy solo humano; no soy Dios. Claro, esto Dios lo sabe, pero quiere que también lo reconozca. No soy perfecto y no tengo control. En efecto, la mayoría de las cosas que encaro en la vida son cosas que no puedo controlar. Soy solo humano. (2) Tampoco hay nadie que sea perfecto, así que no debo sorprenderme ni irritarme cuando la gente se equivoca o me defrauda. (3) Dios tiene el control, y puede usar estas situaciones, irritaciones, y los problemas que llegan a mi vida para cumplir su propósito en mí.

Otro versículo en Proverbios declara: «Los pasos del hombre los dirige el Señor» (Proverbios 20:24). Esto quiere decir que usted puede experimentar algunas demoras divinas, algunas interrupciones celestiales. A veces el Señor pondrá personas irritantes a su alrededor con el propósito de enseñarle algo. Obtenga una nueva perspectiva. Mírela desde el punto de vista de Dios. A través de toda la Biblia, Dios iguala la paciencia con la madurez. Proverbios 14:29 nos dice: «El que es paciente muestra gran discernimiento; el que es agresivo muestra mucha insensatez.» La paciencia es un signo de madurez. La mayoría de los niños son muy impacientes, no conocen la diferencia entre «no» y «todavía no». ¿Notó que cuando los bebés no tienen de inmediato lo que quieren, se molestan? La madurez involucra la habilidad de esperar, vivir con gratificación dilatada. Un hombre comprensivo y sabio, que ve la vida desde el punto de vista de Dios, puede ser paciente. Por lo tanto, necesitamos descubrir una nueva perspectiva.

Adquiera sentido del humor

La segunda manera de convertirse en una persona paciente es desarrollar un sentido del humor. Aprenda a reírse de sus circunstancias. Aprenda a reírse de usted. De alguna forma busque lo divertido de una frustración. Proverbios 14:30 dice: «El corazón tranquilo da vida al cuerpo.»

Hace poco leí acerca de un estudio que indica que la gente que se ríe vive más tiempo. El humor elimina la tensión. Es un antídoto para la ansiedad. Es un tranquilizante sin ningún efecto secundario. La risa es el amortiguador de la vida.

Una vez alguien le preguntó al presidente Lincoln cómo controló todas las tensiones durante la Guerra Civil. Él respondió: «No lo hubiera logrado si no hubiera sido por la risa.» Muchos comediantes famosos se criaron en vecindarios pobres con grandes problemas. Ellos se enfrentaron a los problemas aprendiendo a reírse y haciendo reír a otros.

Así que aprenda a reírse. Si puede reírse de algo, puede vivir con ese algo. Y además, si aprende a reírse de sus problemas, ¡nunca le faltarán motivos para reírse!

Uno de mis versículos favoritos en la Biblia está en Salmo 2:4: «El rey de los cielos se ríe.» ¿No es ese un gran versículo? Dios tiene sentido del humor. ¿Alguna vez vio la cara de un orangután? ¡Dios se la inventó! ¿Quiere parecerse más a Dios? Aprenda a reírse. El sentido del humor puede preservar su sanidad mental.

El tiempo de Dios es tan maravilloso como su sentido del humor. Mientras estaba mecanografiando las notas para este capítulo, mi máquina de escribir IBM

Selectric se comió por completo mi bosquejo. Así que me dije: «Warren, tienes dos alternativas. O practicas lo que predicas y te ríes de la situación, o te enojas y te irritas.» Estoy seguro de que mi esposa y mis hijos estarían preguntándose de qué me estaba riendo. Aprenda a reírse. Es relajante.

La vida está llena de situaciones cómicas. Will Rogers dijo una vez: «No conozco ningún chiste. Solo observo el gobierno e informo los hechos.» Proverbios 17:22 dice: «Gran remedio es el corazón alegre.» Todos necesitamos desarrollar el sentido del humor.

Profundice su amor

El tercer paso para convertirse en una persona paciente es profundizar su amor. Es probable que 1 Corintios 13:4 sea uno de los versículos más francos en la Biblia: «El amor es paciente.» ¿Sabe lo que eso significa? Quiere decir que cuando estoy impaciente, no estoy amando pues el amor es paciente. Cuando usted ama a alguien, se preocupa por sus necesidades, sus deseos, sus dolores, sus puntos de vista, y no solo por los suyos. Cuando está lleno de amor, casi nada le puede provocar ira o causarle impaciencia. Cuando está lleno de ira, casi cualquier cosa lo puede provocar. Cuando está bajo demasiada presión, cualquier cosa que tenga adentro va a salir. Así que profundice su amor.

Efesios 4:2 dice: «Siempre humildes y amables, pacientes, tolerantes unos con otros en amor.» ¿Por qué debe ser paciente con los demás? «Por su amor.»

Había un tipo en la universidad que me molestaba mucho. Para hacer la cosa peor, se salió de su ruta para estar alrededor mío. Era una de esas personas que escupe cuando habla. Se puso tan grave la cosa que cuando venía caminando por un pasillo, yo daba media vuelta y salía del edificio solo para evitarlo. En verdad me disgustaba ese tipo, me irritaba.

Pero una noche leí Efesios 4:2 y fue como una daga en mi corazón. «Dios, no amo a ese tipo.» ¿Recuerda que en un par de capítulos atrás le dije que la gente no tiene que agradarle, pero tiene que amarla? El amor no es un sentimiento, es una decisión y es una acción. Así que dije: «Dios, ayúdame a mañana amar a esta persona. No para siempre. Solo ayúdame a amarlo mañana.» Y luego oré una oración de la que más tarde me arrepentí. Dije: «Dios, si este tipo que me irrita va a hacerme más parecido a Cristo, entonces hazme más parecido a Cristo. Enséñame paciencia. Si este tipo que me molesta me va a hacer más parecido a ti, te pido que mañana me moleste más que nunca antes en mi vida.» Eso fue un error.

Me levanté a la mañana siguiente y fui a clases, pero no lo vi en todo el día. Pensé: «¡Qué bueno! Me encanta esta forma de aprender paciencia. Está bien, Señor.» Llegó la hora de comer. Caminé hasta la cafetería, este tipo me espía, se pasea a mi alrededor y dice: «¡Oye Rick, no te había visto en todo el día!» Tiró con tanta fuerza la bandeja en la mesa que sus espaguetis cubrieron mi cabeza y mi camisa, y su Coca-Cola me mojó todos los pantalones. En la cafetería todos se volvieron para verme, los fideos me rodaban por las orejas. Pero en este punto, ya estaba lleno de amor, paz y gozo pues estaba preparado. Realmente lo estaba. Había estado orando todo el día, así que le dije: «Alabado sea el Señor.» Estoy seguro que todos pensaron: «Se volvió loco.» ¿Qué pasa cuando alaba a Dios por causa de la gente que lo irrita? Puede ser que llegue a parecerse tanto más a Jesús que nunca más lo molestarán. O si es el maligno quien está usando esa persona para que lo moleste, él dejará de hacerlo porque la situación le motivó a alabar a Dios. Si aprende a alabar a Dios en cada situación, usted desarrollará una pared de alabanza alrededor de su vida que ni siquiera el diablo podrá penetrar.

Dependa del Señor

El último paso para desarrollar paciencia es depender de Dios. La paciencia no es solo un asunto de voluntad humana; es un fruto del Espíritu. Usted no puede motivarse mentalmente diciendo: «Voy a ser paciente aunque me mate.» Lo matará. La paciencia no es fuerza de voluntad. La paciencia no es decir: «En realidad él no me molesta» cuando en lo más profundo de su ser está pensando, *odio a ese tipo*. La paciencia no es usar una máscara y fingir.

Si es la paciencia de Dios lo que siente, si es el sincero fruto del Espíritu, usted tendrá una paz interior genuina. Ciertas situaciones no lo molestarán como antes. ¿Por qué? Porque está dependiendo del Señor.

La paciencia es una forma de fe. Es decir: «Confío en Dios. Creo que Dios es mayor que mi problema. Y creo que Dios tiene sus manos en esta molestia y que él puede usar esto en mi vida para el bien.» La fe nos ayuda a ver la vida desde el punto de vista de Dios. La fe nos ayuda a decir: «Dios, ¿qué quieres que aprenda de esta situación?» y no «¿por qué me pasó esto?» Como resultado de la fe ya no necesitamos preguntarle a Dios: «¿Por qué se me ponchó la goma mientras iba a una cita importante?» En cambio, podemos preguntar: «¿Qué quieres que aprenda de esta situación?»

Noé tuvo que esperar ciento veinte años para que lloviera. Eso es bastante tiempo para ser paciente. Abraham esperó cien años para tener un hijo. Eso es bastante tiempo para ser paciente. Moisés esperó cuarenta años en el desierto y luego esperó otros cuarenta años guiando a los hijos de Israel a través del desierto hasta la tierra prometida. Ese es bastante tiempo para ser paciente. En los tiempos del Antiguo Testamento todos estaban esperando que llegara el Mesías. En los días del Nuevo Testamento, los discípulos esperaron en el Aposento Alto por el Espíritu Santo. La Biblia es el libro sobre la espera. ¿Por qué? Porque la espera muestra la fe, y la fe agrada a Dios.

El tipo de espera más difícil es el esperar a Dios cuando usted está de prisa y él no. Es difícil ser paciente cuando está esperando por la respuesta a esa oración … cuando está esperando que ocurra ese milagro … cuando está esperando para que Dios cambie su condición financiera, o su problema de salud, o a sus hijos, esposa, esposo, o a ese familiar que es un excéntrico. Es difícil cuando usted está de prisa y Dios no, pero esperar con paciencia es una evidencia de fe. También es una prueba de fe. ¿Cuánto tiempo puede esperar?

Lázaro era un buen amigo de Jesús, pero un día se enfermó de gravedad. María y Marta, sus hermanas, enviaron palabra a Jesús diciendo: «Señor, tu amigo querido está enfermo» (Juan 11:3). Y la Biblia dice que cuando Jesús oyó esto, con todo propósito se demoró dos días más antes de salir para Betania. Cuando llegó,

Lázaro ya había muerto. Su cuerpo ya estaba sellado en el sepulcro.

Jesús llegó muy tarde. Sin embargo, Jesús sabía que no era demasiado tarde. Caminó hasta el sepulcro y llamó «¡Lázaro, sal fuera!» (Juan 11:43). Ahora usted se da cuenta de que él tuvo que llamar a Lázaro por su nombre, porque si solo hubiera dicho: ¡Sal fuera! ¡Todos los que se habían muerto en el mundo hubieran salido! Así que tenía que ser específico. «¡Lázaro, sal fuera!» Y Lázaro salió … ¡vivo!

¿Cuál es el punto? El punto es este: Dios nunca llega tarde. Siempre está a tiempo. El tiempo de Dios es perfecto. Tal vez no se rija por nuestro horario —normalmente no lo hace— pero nunca llega tarde. Él quiere que confiemos y esperemos en él. El salmista lo pone de esta manera: «Guarda silencio ante el Señor, y espera en él con paciencia» (Salmo 37:7). Anteriormente, en este salmo, el escritor nos enseña a *confiar* en el Señor, *deleitarnos* en él, y *encomendar* nuestros caminos a él. Todos estos son aspectos de la fe y la dependencia. Dios anhela que nosotros confiemos en él por sobre todas las cosas. La paciencia es la evidencia de nuestra fe en él.

¿Por qué debemos ser pacientes? Porque Dios es paciente, y debemos ser como él. Pedro nos exhorta: «Tengan presente que la paciencia de nuestro Señor significa salvación» (2 Pedro 3:15). Dios es paciente. Si somos sus hijos, debemos tener los rasgos familiares. Es por esto que el Espíritu Santo está obrando en nuestras vidas, para desarrollar paciencia en nosotros. Es una parte del carácter de Cristo.

SIETE

Revístase de un poco de bondad

$\mathcal{E}$n nuestro estudio sobre los frutos del Espíritu, vimos el amor, el gozo, la paz y la paciencia. Ahora llegamos al fruto de la bondad. Colosenses 3:12 dice: «Por lo tanto, como escogidos de Dios, santos y amados, revístanse de afecto entrañable y de bondad, humildad, amabilidad y paciencia.» Nótese la palabra *revístanse*. De forma literal, la palabra griega significa «ponerse». Lo que Pablo está diciendo aquí es que cuando se despierte por la mañana, debe vestirse espiritual, emocional y físicamente. Cuando se despierta en la mañana y decide qué ponerse, también debe preguntarse: «¿Qué clase de actitud voy a asumir hoy?» Pablo dice que la bondad es una elección. Es algo que puede decidir «ponerse» todos los días.

La bondad es «amor en acción». La bondad es algo que usted hace. Es una expresión práctica de amor. La bondad es algo en lo que puede ejercitarse. No es solo emocional; es visible y activo. Hay una canción que dice: «Busca la necesidad y llénala. Busca el dolor y cúralo.» Eso es la bondad.

Ahora, ¿por qué debemos ser bondadosos? Después de todo, la bondad puede ser un riesgo. Si es bondadoso con otros, lo pueden malentender. Pueden pensar: «¿Por qué esta persona es tan bondadosa con nosotros? ¿En qué se beneficia?» La gente a la cual muestre bondad también puede tomar ventaja de usted. Pueden convertirse en parásitos, en sanguijuelas, con la actitud: «Ah, aquí está el bobo. Voy a sacarle todo el provecho que pueda.»

Entonces, ¿por qué debemos ser bondadosos? Dos razones. Primero, debemos ser bondadosos porque Dios es bondadoso con nosotros. Efesios 2:8 dice: «Porque por gracia ustedes han sido salvados mediante la fe.» La gracia y la bondad siempre van juntas. El poeta Robert Burns dijo que el corazón bondadoso es lo que más se asemeja a Dios. Debemos ser bondadosos porque Dios es bondadoso con nosotros.

La otra razón es porque queremos que los demás sean bondadosos con nosotros. Queremos que nos traten bien. Jesús dijo: «Así que en todo traten ustedes a los demás tal y como quieren que ellos los traten a ustedes» (Mateo 7:12). Si es descortés con otras personas, ellos serán descorteses con usted. Pero si es bondadoso, la mayoría de la gente querrá responderle de la misma forma. Proverbios 21:21 dice: «El que va tras la justicia y el amor halla vida, prosperidad y honra.» Y en Proverbios 11:17 leemos: «El que es bondadoso se beneficia a sí mismo; el que es cruel, a sí mismo se perjudica.» Así que cuando somos bondadosos, realmente nos estamos haciendo un favor.

¿Cómo nos hacemos más bondadosos? ¿Qué significa ser una persona bondadosa? Déjeme sugerirle cinco características de una persona bondadosa.

Sea sensible

Primero, una persona bondadosa es sensible a los demás. Está alerta a las necesidades de quienes le rodean. Se sintoniza con ellos. La bondad siempre empieza con la sensibilidad. Filipenses 2:4 dice: «Cada uno debe velar no sólo por sus propios intereses sino también por los intereses de los demás.» Subraye la palabra *velar*. La bondad siempre comienza por advertir las necesidades y dolores de los demás.

A menudo en el matrimonio, no estamos conscientes de las necesidades de nuestro cónyuge. Nos hemos hecho insensibles. Dejamos de escuchar. No nos percatamos de la presión por la que está atravesando nuestra pareja. Dicho en forma sencilla, la raíz de muchos de los problemas matrimoniales es la insensibilidad.

Cada persona con la que interactúe en esta semana necesita bondad porque de alguna forma todos estamos dolidos. Aun las personas que se sientan a su alrededor en la iglesia tienen heridas profundas. Lo que sucede es que la mayoría de las veces usted no lo sabe. Así que la bondad comienza con la sensibilidad.

Encontramos un ejemplo de sensibilidad y bondad en la vida del rey David en 2 Samuel 9. David fue coronado rey de Israel luego de la muerte de Saúl, y guió a los israelitas en una serie de victorias militares. Su viejo enemigo Saúl, que durante años lo persiguió, murió. Al hijo de Saúl, Jonatán, también lo mataron. Ahora vea lo que hizo David. Una de sus acciones como rey fue preguntar si quedaba alguien en la familia de Saúl con quien él pudiera ser bondadoso. Encontró a un hombre que era nieto de Saúl, Mefiboset. ¿Le gustaría tener este nombre? Es probable que le llamaran «Fibi» para acortarlo. Además de tener un nombre tan raro, Mefiboset era cojo de los dos pies.

Cuando David lo mandó a buscar, seguramente Mefiboset pensó: *Me va a matar por pertenecer a la familia enemiga, la vieja dinastía.* Pero note las bondadosas palabras de David: «No temas, pues en memoria de tu padre Jonatán he decidido beneficiarte. Voy a devolverte todas las tierras que pertenecían a tu abuelo Saúl, y de ahora en adelante te sentarás a mi mesa» (2 Samuel 9:7). La respuesta de Mefiboset es interesante: «¿Y quién es este siervo suyo, para que Su Majestad se fije en él? ¡Si no valgo más que un perro muerto!» (v. 8) Al parecer, él tenía una imagen pobre de su persona. Pero el asunto es que David buscó activamente a personas con quienes pudiera ser bondadoso. Fue sensible. En su vida ¿con quién necesita ser bondadoso en esta semana? ¿Con quién debe ser sensible?

Sea de apoyo

Una segunda característica mostrada por las personas bondadosas es el apoyo. Estoy hablando de levantar personas en lugar de destruirlas. Tenga cuidado con lo que dice a la gente. Ofrezca apoyo en sus palabras. Hable de forma bondadosa. Proverbios 15:4 dice: «La lengua que brinda consuelo es árbol de vida; la lengua insidiosa deprime el espíritu.» ¿Le gustaría que lo dejaran caer? Por supuesto que no. A nadie le gusta. Un dicho en inglés, que repiten los niños, dice: «Los palos y las piedras pueden romper mis huesos, pero los sobrenombres no me herirán.» ¡Mentira! ¡Los sobrenombres duelen! Es más, la Biblia dice que la muerte y la vida están en el poder de la lengua. Usted puede destruir una persona con lo que dice. Así que, levante a la gente con sus palabras. A cada persona que encuentre bríndele aliento emocional. Motívelos. Sirva de apoyo.

Observe en Proverbios 10:32: «Los labios del justo destilan bondad; de la boca del malvado brota perversidad.» ¿Es usted de los que ataca las debilidades de otra persona? Quizá lo hace como una broma, pero lo hace y lo disfruta. Las personas bondadosas no avergüenzan a otros.

Vi una película de muñequitos en la que Charlie Brown está hablando en el teléfono con una niña que le dice:

—Oye, Chuck, adivina para qué estoy concursando. La Reina de mayo de nuestra escuela.

—Eso es muy interesante —le dice Charlie Brown—. En nuestra escuela Lucy siempre fue seleccionada.

—Tu escuela tiene unos estándares bien bajos, ¿verdad, Chuck? —le responde la niña en el teléfono.

Después que Charlie Brown cuelga el teléfono, mira a Lucy y le dice:

—Ella dice: «Felicidades.»

Esto es diplomacia. Esto es bondad.

¿Qué apoyo ofrece con sus palabras? ¿Anima o desanima con sus palabras? ¿Levanta o deja caer? ¿Le fanfarronea a sus hijos o los regaña? Déjeme decirlo de esta forma, si Dios le diera un dólar por cada palabra bondadosa que pronunciara, y le quitara un dólar por cada palabra poco amable, ¿sería rico o pobre? Aprenda a ser sensible. Brinde apoyo cuando hable.

José es un buen ejemplo de un hombre que habló con palabras bondadosas. En la vida de José, todo parecía salir mal. Sus hermanos lo trataban como basura, lo metieron en una cisterna y lo vendieron como esclavo. Todo fue mal durante treinta años de su vida. Pero luego las cosas cambiaron y José llegó a ser el segundo en el mando de todo Egipto. Sus hermanos vinieron a él arrodillados, y en ese momento José tuvo la oportunidad de desquitarse y tomar venganza. Pero la Biblia dice que José los apoyó y les habló en forma bondadosa, incluso después que su padre murió (Génesis 50:19–21). Las palabras bondadosas pueden reconstruir el puente en una relación rota. Un cristiano debe siempre hablar bondadosamente aunque tenga la oportunidad de vengarse.

Sea compasivo

La tercera característica de una persona bondadosa es la habilidad de ser compasivo. Si quiere ser bondadoso, aprenda a ser compasivo. Las personas aprecian cuando usted es compasivo con ellos, cuando siente y se identifica con su dolor. Muchas veces cuando alguien está experimentando una crisis, otras personas dicen: «Nos sentimos tan torpes. No sabemos qué decir en momentos como estos.» Pues bien, no tiene que *decir* nada. Solo estar ahí es una expresión de bondad. A veces un toque en un hombro, una lágrima, unas palmadas en la espalda, o tomar la mano es todo lo que necesita una persona que sufre. Eso es bondad. Romanos 12:15 dice: «Alégrense con los que están alegres; lloren con los que lloran.»

Sin importar lo que piensen de su política, la mayoría de las personas admiten que el expresidente de los Estados Unidos, Ronald Reagan, sabía cómo expresar las emociones del corazón. Cuando explotó el transbordador espacial Challenger o cuando se estrelló un avión que transportaba soldados americanos, él saludó a las familias de las víctimas con un abrazo, les tomó la mano y tenía lágrimas en sus ojos. Los líderes fuertes no temen mostrar emoción. Los líderes débiles, por otra parte, se preocupan por lo que piensen los demás. Los líderes competentes son lo suficientemente fuertes para ser compasivos.

En 2 Timoteo 2:24 Pablo dice que la bondad es una marca de liderazgo espiritual. Eso quiere decir, esposos, que si no son bondadosos con sus esposas e hijos, tampoco son buenos líderes espirituales, no importa todo lo poderoso o espiritual que parezcan ser en público. ¿Hace cuánto tiempo que ayudó a lavar los platos? ¿Hace cuánto tiempo que cambió un pañal o ayudó a recoger la casa? Usted dice: «Soy el líder espiritual, y no hago ese tipo de cosas.» La Biblia dice que la bondad es una marca del líder espiritual.

¿Cómo reacciona cuando su hijo adolescente llega a la casa con el corazón destrozado? ¿Le dice: «Ah, eso no tiene importancia»? ¿O se muestra compasivo? ¿Recuerda *sus* años de adolescente, aquellos años de timidez que le avergonzaba? ¿Recuerda cuando tuvo un granito y se sintió como si fuera una crisis nacional? Pero ahora, cuando su adolescente se deprime a causa de una nueva espinilla, usted le dice: «Ah, eso no tiene importancia.» Claro que para usted ahora no tiene importancia, pero recuerde cuando era un adolescente y sí le importaba, pues bien, esa es la importancia que ahora tiene para sus hijos. Así que sea compasivo con ellos.

¿Se emociona con las mismas cosas que emocionan a sus hijos? Esto no es una niñería, es bondad. Emociónese con los que se emocionan. Algunas personas necesitan que explote una bomba frente a ellos para emocionarse con algo. Alégrese con los que se alegran y llore con los que lloran.

Ahora bien, Jesús es el ejemplo supremo de una persona compasiva. En Juan 11:35 leemos que Jesús lloró en la tumba de Lázaro (vimos de forma breve este incidente en el capítulo 6). Jesús no temió mostrar emoción. Se le llama «la bondad y el amor de Dios» (Tito 3:4). Jesús es la encarnación de la bondad. A menudo leemos en los Evangelios que Jesús era «movido a compasión». Si quiere saber cómo es la bondad, solo tiene que mirar a Jesús.

Usted será bondadoso si quiere ser como Cristo. No importa cuántos versículos se memorizó o cuán a menudo va a la iglesia, si no es bondadoso, no es como Jesús. Por lo tanto, aprenda a ser una persona bondadosa al ser sensible, compasivo y sirviendo de apoyo.

Sea honrado

Una persona bondadosa también es honrada. A veces la bondad significa ser cándido. A veces significa exponerse tal cual es, decir la verdad, ser completamente franco con la gente. Algunas veces lo más bondadoso que puede hacer es ser franco con un amigo y decirle con exactitud dónde está su error. Proverbios 27:6 dice: «Más confiable es el amigo que hiere que el enemigo que besa.» El verdadero amigo será franco y le dirá: «Estás cometiendo un error» o «Necesitas ponerte en forma» o «Estás arruinando tu vida» o «Estás cometiendo el error más grande de tu vida». Un verdadero amigo le dirá este tipo de cosas.

Imagínese que un médico lo examina y luego le dice: «Debe operarse» o «Relájese y no se preocupe». ¿Cuál es la declaración más bondadosa? Si necesita operarse, lo más bondadoso será que el médico le diga que necesita hacerlo. Como un cirujano que toma el bisturí y abre a un paciente, en ocasiones necesitamos lastimar a una persona para que sea sanada. A veces la bondad significa ser honrado.

Tenemos la tendencia a disfrazar la bondad con la dulzura. La palabra «bondad» nos recuerda el cuadro de alguna viejita con su moñito blanco recogido en la cabeza. No nos damos cuenta que a veces la bondad significa decir una verdad dolorosa. James Dobson escribió un libro titulado *Love Must Be Tough* [El amor debe ser fuerte]. Es un gran libro. Si no lo ha leído, cómprelo y léalo. El libro es acerca del matrimonio y las relaciones familiares. Dobson explica que a veces el amor significa ponerse duro y decir: «No voy a permitir que te salgas con la tuya. No me voy a sentar en silencio y dejar que arruines nuestro matrimonio.» A veces quiero preguntarle a las parejas en consejería cuándo se van a preocupar lo suficiente como para enojarse cuando dicen: «¡Quiero que nuestro matrimonio dé resultado, y no me voy a conformar con este desorden!» Los cónyuges amorosos se preocupan lo suficiente como para confrontarse entre sí. De la misma manera, y con mucha bondad, a veces los padres tienen que confrontar a sus hijos y decirles: «No.»

Un ejemplo bíblico de esta clase de confrontación se encuentra en Gálatas 2. Pedro estaba visitando la iglesia de Antioquía, que se componía principalmente de gentiles que eran cristianos, y estaba disfrutando de su compañerismo. Pedro había aprendido que como cristianos él no tenía que seguir todas las antiguas costumbres judías. Creo que a lo mejor Pedro desarrolló un buen gusto por el emparedado de jamón: «Ah, esto está bueno y me lo perdí durante todos estos años.» Cuando los cristianos de Antioquía tenían picnic, probablemente Pedro los visitaba con sus amigos gentiles y se comía su emparedado de jamón. Pero un día algunos cristianos judíos vinieron de Jerusalén a Antioquía, y Pedro dijo: «Bueno, será mejor que me siente aquí y pretenda que no me he liberado.» Cuando Pablo vio esto, le dijo: «Pedro, eres un hipócrita.» Le dijo esto porque se interesaba. Pablo se preocupaba por Pedro y por los gentiles cristianos que estaban recibiendo mensajes encontrados. Pablo se preocupó lo suficiente como para confrontar. En ocasiones las palabras más bondadosas que puede decir son: «Estás arruinando tu vida.»

¿Cómo saber cuándo se debe confrontar? ¿Cómo saber cuándo es el momento de ser fuerte en lugar de tierno con la gente? Pregúntese dos cosas: Primero, ¿en verdad estoy comprometido con el bienestar de esta persona? Segundo, ¿estoy haciendo un comentario «del momento» o planifico quedarme en los alrededores para ayudar a mi amigo a hacer el cambio? A veces la bondad significa ser franco —preocuparse lo suficiente como para confrontar— y decir: «No voy a permitir que te destruyas. No me voy a sentar tranquilo a observar cómo destruyes tu vida.»

Sea espontáneo

Por último, si quiere ser bondadoso, aprenda a ser espontáneo. No espere para mostrar bondad. Hágalo mientras tenga la oportunidad. Hágalo ahora. Sea espontáneo.

Lea Gálatas 6:10: «Por lo tanto, siempre que tengamos la oportunidad, hagamos bien a todos, y en especial a los de la familia de la fe.» Note la frase: *siempre que tengamos la oportunidad*. ¿Cuándo debemos ser bondadosos? Siempre que tengamos la oportunidad.

¿Alguna vez pensó: *Esa persona fue realmente buena conmigo. Debo escribirle una nota de agradecimiento*. O tal vez pensó: *Necesito hacer esa llamada telefónica,* o *necesito enviar un regalito*, o *quiero llevarle algo a los vecinos*? Y se retrasa el hacerlo. Y sigue posponiéndolo hasta que le da tanta vergüenza que no lo hace. ¿Alguna vez le sucedió eso? Creo que a todos nos sucedió. Cuando se trata de pensamientos bondadosos, las buenas intenciones no cuentan. Tal vez la oportunidad no dure hasta «que usted pueda hacerlo». Las Escrituras dicen que cuando tenga la oportunidad de ser bondadoso, sea espontáneo y hágalo.

Cuando tenga la más mínima inclinación de llamar a su mamá, hágalo. Escriba una nota, comparta una petición de oración, cuide al bebé, ayude en la casa, lave el carro, corte la hierba, cualquier cosa … pero sea bondadoso cada vez que tenga una oportunidad.

El buen samaritano es el ejemplo clásico de bondad espontánea en las Escrituras. ¿Recuerda la historia? Un hombre estaba herido, los ladrones le pegaron y lo dejaron desnudo y medio muerto a un lado del camino. Pasó un sacerdote y lo vio y dijo: «Ay, no quiero acercarme a este tipo. Me hará inmundo.» Después pasó otro líder religioso y siguió de largo. Entonces pasó un samaritano. (Los judíos consideraban que los samaritanos eran una raza inferior.) Este samaritano curó las heridas del hombre, lo llevó al hotel más cercano y dejó su tarjeta de crédito con el hotelero diciendo: «Cuídalo y cárgalo a mi cuenta. Al regreso pararé aquí.»

La bondad cuesta, pero cuando el samaritano vio la necesidad, no lo pensó dos veces. Lo dejó todo. Sin dudar. Fue espontáneo. Compare el samaritano con el sacerdote frío, calculador y el líder religioso, que venía pensando si las contribuciones serían deducibles de sus impuestos. Estoy seguro que al sacerdote le sobraban excusas. Quizá pensó: «Bueno, yo cumplí con mis obligaciones en el templo. Estoy apurado por llegar a casa.» Tal vez pensó: «Si me paro para ayudar a este tipo, tal vez me roben a mí también. Tengo que pensar en mi familia.» Quizá pensó: «No es mi culpa que esté herido. Debió ser más cuidadoso.» O tal vez se dijo: «Haré campaña para tener mejor protección de la policía en el camino a Jericó.»

Ahora, esto es lo importante: Jesús contó esta historia para que recordáramos a las personas que nos rodean y que están lastimadas. Sufren en sus matrimonios. Sufren en sus trabajos. Y sufren física, emocional y espiritualmente. La pregunta que me hago es esta: ¿Cuál es mi excusa para no ayudar a otros? ¿Por qué no soy una persona bondadosa?

Si no saca nada más de este capítulo, aprenda esto: *El enemigo número uno de la bondad es el estar ocupado.* Con cuánta frecuencia decimos: «Estoy muy ocupado. No tengo tiempo de participar. Esto puede desordenar mi horario. Tengo que considerar mis prioridades y presiones. Estoy muy ocupado para preparar una comida para mi vecino enfermo. Estoy muy ocupado para ayudar con los preescolares en la Escuela Dominical. Estoy muy ocupado. No tengo tiempo.» Si esa es su respuesta, entonces está en realidad muy ocupado, porque el ministerio de la bondad es para todos.

En esta semana, sea bondadoso con alguien

Resumamos y seamos específicos. Una cosa es leer en un libro cómo convertirse en una persona bondadosa, y otra, considerar cómo va a ser bondadoso esta semana. Tome unos minutos para contestar estas preguntas: ¿Cómo puedo ser más bondadoso esta semana? La bondad comienza con la sensibilidad, así que esté alerta. Abra sus ojos y mire alrededor.

Su mundo está lleno de personas que necesitan su bondad. ¿Qué del hogar? ¿Cómo puede ser bondadoso en el hogar? He visto muchos matrimonios en dificultades que podrían salvarse si las personas solo pudieran ser bondadosas entre sí y tratarse con simple respeto. Una esposa dijo: «Mi esposo solo me habla cuando quiere tener sexo o cuando quiere que le entregue el control remoto.» ¿Cómo se puede ser bondadoso en el hogar? Usted puede comenzar con una cortesía común. A veces somos más groseros con los más cercanos a nosotros. ¿Qué de sus hijos? ¿Es bondadoso con ellos? ¿Les presta atención o solo los lleva de aquí para allá como al ganado?

¿Y qué del mal carácter de su jefe? Tal vez a usted no le guste ese tipo, pero aun así puede ser bondadoso con él. ¿Qué del nuevo compañero de trabajo que no sabe nada y anda perdido en el trabajo porque nadie le da ninguna orientación? ¿Qué de esa persona que fue poco amable con usted? Esta gente es la que más bondad necesita. Necesitan una dosis masiva de esto.

¿Con quién puede ser bondadoso en la iglesia? Cuando ve a un extraño, le puede sonreír. Puede sentarse al lado de un visitante. Darle la bienvenida. Darle la mano. Ofrecerle instrucciones para llegar a la clase. Cuando los miembros de la iglesia son bondadosos unos con otros, se dicen palabras de ánimo. Sonríen a la gente que no conocen. Solo una puerta cerrada puede mantener a la gente fuera de una iglesia amistosa.

El asunto es: Hay tantas maneras de mostrar bondad como personas que la necesitan. Déjeme sugerirle un proyecto para esta semana. Haga una lista de siete personas con las cuales puede ser bondadoso. También escriba *cómo* puede mostrarles bondad a cada uno en esta semana. Luego pídale a Dios que le dé la oportunidad de cada día de esta semana mostrarle bondad a por lo menos una de esas personas. Se sorprenderá al notar lo bien que esto le hará sentir. Y es probable que se sorprenda a usted mismo excediendo la cuota.

Es un hecho interesante de la historia que los romanos confundieran la palabra griega *chistos* (Cristo) con la palabra *chrestos*, que significa «bondad». Vea a cuántas personas puede *confundir* en esta semana.

OCHO

Cómo vivir «la buena vida»

¿Cómo define la palabra *buena*? Esta es una palabra que usamos mucho. Hablamos de buena comida, buen tiempo y buen informe. Decimos: «Qué pase un buen día»; «Hizo un buen trabajo»; «Hay una buena distancia desde aquí hasta allá». La palabra se usa en muchas maneras diferentes.

Cuando era un adolescente, mis padres acostumbraban decir: «Diviértete y sé bueno.» Seguro que sus padres también se lo decían a usted. Siempre pensé que esta declaración era una contradicción. ¿Cómo podía divertirme y al mismo tiempo ser bueno?

Busqué la palabra *bueno* en el diccionario y encontré diecisiete categorías diferentes para la palabra con tres o cuatro usos diferentes o ilustraciones bajo cada categoría. De igual forma, las palabras en griego y en hebreo para «bueno» y «bondadoso» que se usan en la Biblia son variadas y están llenas de significado. La Biblia tiene mucho que decir acerca de la bondad. En efecto, las palabras *bueno* o *bondad* se usan seiscientos diecinueve veces en la Biblia.

Una de las frases que oímos mucho es «la buena vida». En la parte del país en la que vivo oigo: «¡Viva la buena vida en el sur de California!» Pero, ¿qué es la buena vida?

¿Qué es «la buena vida»?

Para algunas personas la buena vida significa *verse bien*. En América, verse bien es un negocio serio. Salones para broncearse, coordinación de colores, peinados, succión de grasa, no importa lo que sea, tenemos que vernos bien. Valoramos mucho la belleza y el vernos bien. ¿Sabe cuál es el problema con vernos bien? No hay normas universales. Lo que para mí se ve bien tal vez a usted no le guste. ¿Alguna vez discutió con sus hijos qué ropa ellos deben usar? El verse bien tiene diferentes significados para diferentes personas.

Algunas personas piensan que la buena vida significa *sentirse bien*. No importa lo que exija, tienen que sentirse bien. Esto puede ser sentarse en una bañera con agua caliente, ir a Disneylandia, o tomar drogas. Tienen que perseguir el placer a toda costa. Su norma de vida se convirtió en «si lo hace sentir bien, hágalo».

Algunas personas creen que la buena vida significa *tener posesiones*. Se las arreglan para conseguir cosas, y cuando las obtienen, entonces piensan que tienen una buena vida. Es como la etiqueta engomada para los carros que vi hace poco: «Gana el que tenga más juguetes al final de la vida.» Para esta gente el mayor objetivo en la vida es ganar dinero y gastarlo en bienes.

La Biblia presenta un cuadro radicalmente diferente de la buena vida. En su Palabra, Dios dice que la buena vida no se basa en verse bien, sentirse bien, o tener muchos bienes. Él dice que la buena vida es un vida llena de bondad.

Ahora bien, ¿qué es la bondad? La bondad es ser y hacer lo bueno. Y cuando usted *es* bueno y *hace* lo bueno, va a sentirse bien, y hasta va a comenzar a verse bien, o por lo menos verse mejor. ¿Pero qué *exactamente* es la bondad?

Génesis 1 narra la creación del universo, y nos recuerda que cuando Dios vio todo lo que había creado dijo que era bueno. ¿Por qué? Porque se cumplió el propósito para el que fue creado. «Bondad» significa cumplir un propósito. Es ser lo que Dios quiere que sea.

Dios lo creó con un propósito. Cuando viva de la manera prevista por Dios, se sentirá bien. Su vida tendrá significado. Se sentirá bien porque está cumpliendo el propósito para el que fue creado. Ahora bien, ¿qué es eso bueno para lo cual Dios lo hizo?

Efesios 2:10 dice: «Porque somos hechura de Dios, *creados* en Cristo Jesús *para buenas obras,* las cuales Dios dispuso de antemano a fin de que las pongamos en práctica» (énfasis del autor). No somos salvos *por* las buenas obras; somos salvos *para* las buenas obras. El estilo de vida del cristiano es uno de bondad. Esa es la verdad principal que quiero que aprenda de este capítulo.

Pero, ¿por qué usted debe ser bueno? ¿Cómo se beneficiará de un estilo de vida de bondad? El pago es una autoestima saludable. Cuando hace lo bueno y es bueno, se sentirá bien consigo mismo porque está cumpliendo la obra para la cual Dios lo creó. Esto es un sentido de satisfacción más profundo que la satisfacción egoísta de los que buscan placer. La autoestima saludable y perdurable no viene de verse bien pues la apariencia se desvanece. No viene de sentirse bien pues no va a sentirse bien todo el tiempo, no importa lo que haga. Ni tampoco viene de los bienes porque las posesiones materiales hoy están y mañana desaparecen. Una autoestima perdurable viene de hacer el bien y ser bueno. Ese es el propósito para el cual Dios lo creó.

No somos buenos por naturaleza

Pero hay un problema, nuestra naturaleza no es ser bueno. Todos nacimos con una inclinación natural hacia el egoísmo. Hace poco, mientras estaba cambiando canales en la TV, escuché a un hombre decir: «Mi religión es la creencia en la bondad total e intrínseca del hombre.» Cuando lo escuché, comencé a reírme. ¿Dónde estuvo viviendo durante el siglo pasado, en el Polo Norte? Yo no compro la idea de la bondad intrínseca del hombre por nada. No tiene sentido por cuatro razones.

Primero, la Biblia dice que el bien inherente del hombre es una falacia. Isaías 53:6 nos dice que cada uno quiere hacer su propias cosas, caminar a su manera, y ser su propio dios. Pero nadie es perfecto. Solo Dios es naturalmente bueno (Marcos 10:18). El resto de nosotros peca y está privado de la gloria de Dios (Romanos 3:23). Así que la Biblia dice que el hombre no es intrínsecamente bueno en todo lo que hace.

Segundo, sabemos que el hombre no puede ser inherentemente bueno pues tenemos los hechos de la historia. La historia es un largo informe de la inhumanidad del hombre hacia el hombre. A pesar de ser la generación más educada y sofisticada de todas, todavía tenemos guerras, crímenes, violencia y perjuicio. Esto es porque la raíz del problema todavía está presente en nosotros. Seguimos buscando de forma egoísta nuestros caminos. La historia simplemente refleja los resultados de nuestras acciones.

La tercera razón por la cual no creo que el hombre es intrínsecamente bueno es porque soy padre. Si es un padre o una madre, sabe que la idea de que el hombre es bueno por naturaleza es una idea tonta. No tuve que enseñarle a mis hijos a mentir. ¿Y usted? Claro que no. Esto viene por naturaleza. No tuve que enseñarle a mis hijos a ser egoístas. ¿Y usted? No. El hombre tiene una tendencia natural para hacer el mal. La Biblia lo dice, la historia lo prueba y los padres lo saben.

La razón número cuatro para refutar la bondad del hombre es el conocimiento de mi propio corazón. Puede que lo sorprenda, pero la verdad es que muchas veces no quiero ser bueno. En efecto, ¡muchas veces ¡me gusta pecar! Algunas veces prefiero no amar, en lugar de amar; responder de forma impulsiva en vez de ser paciente. Y a veces, sencillamente soy egoísta. No me gusta hacer lo que es bueno, aunque sé que es lo que debo hacer. Por el contrario, quiero ser haragán. Y aun cuando mi deseo es correcto, y cuando quiero hacer el bien, en realidad lucho por llevarlo a la práctica.

¿Le cuesta trabajo hacer el bien, aunque *quiere* hacerlo? Dios dice que esta lucha es normal. «¿Puede el etíope cambiar de piel, o el leopardo quitarse sus manchas? ¡Pues tampoco ustedes pueden hacer el bien, acostumbrados como están a hacer el mal!» (Jeremías 13:23.) Él está diciendo que se requiere más que fuerza de voluntad para cambiar su naturaleza. Usted no solo hace un chasquido con los dedos y se convierte en una buena persona.

El apóstol Pablo comprobó en su vida que eso era cierto. Quizá usted se identifique con él. Yo me identifico. En Romanos 7, él dice que no importa a dónde vaya, no puede obligarse a hacer el bien. Él quiere hacerlo, pero no puede. Cuando quiere hacer lo bueno, no lo hace, y cuando trata de no hacer el mal, lo hace de todas formas. ¿Se puede identificar con eso? Cuando reconocemos que no somos perfectos, tratamos de consolarnos con comparaciones: «Bueno, tal vez no sea lo que debo ser, pero soy mejor que fulano o zutano.» Seguro oyó a alguien decir esto. Quizá usted mismo lo dijo. El único problema con esto es que Dios no lo califica de acuerdo al promedio. Él no nos juzga de acuerdo a cuán buenos son los demás. Jesucristo es su norma de medida y él es perfecto. Eso quiere decir que cuando nos comparamos con Cristo, no alcanzamos esa medida para nada. Todos nos quedamos cortos.

Es como el niño que corre a su mamá y dice:

—Mamá, mido ocho pies de altura.

—¿Ocho pies? —le contesta ella.

—Sí —insiste él—. Mido ocho pies.

Su mamá le pregunta qué usó para medirse y él saca una regla de seis pulgadas.

Debemos evaluarnos de acuerdo a la medida perfecta de la bondad de Dios, que es Jesucristo. Cuando hacemos esto, nos damos cuenta de la verdad: nadie es bueno.

Nuestra bondad es un don de Dios

Dios no nos salvó a causa de nuestra bondad sino por su bondad y misericordia. Gracias a la obra redentora de Cristo Jesús nuestro Salvador, Dios puede declararnos buenos. Nuestra bondad es un don de Dios. No podemos trabajar para lograrla. No podemos ganarla. No la merecemos.

La Biblia llama a esto *justificación*. Esa es una gran palabra que significa que Dios dice que usted «está bien» gracias a lo que Jesús hizo por usted. Cuando pone su confianza en Cristo, Dios le da una nueva naturaleza. (Es como empezar de nuevo, por eso es que se llama «nacer de nuevo».) Entonces Dios no solo le da el deseo de hacer el bien, sino que también le el poder para hacerlo. Filipenses 2:13 dice: «Pues Dios es quien produce en ustedes tanto *el querer* como *el hacer* para que se cumpla su buena voluntad» (énfasis del autor). Él le da *el querer* y el *poder* para hacer lo correcto. Esa es una de las maneras en la que sabe que usted es cristiano.

Por la gracia y el poder de Dios, somos recreados como buenas personas, y luego se nos da la habilidad para hacer buenas obras. Dios obra de adentro hacia afuera, no de afuera hacia adentro. Él dice: «Déjame cambiarte el interior y el exterior caerá en su lugar.» Ahora, ¿qué significa eso? ¿Que un cristiano nunca peca? Desde luego que no. Todos cometemos faltas. Todos pecamos. Lo que significa es que ahora que soy cristiano tengo un nuevo poder y un nuevo deseo de hacer lo que es correcto. Dios resolvió el problema de mi vieja naturaleza egoísta dándome una nueva naturaleza semejante a Cristo.

Dios hizo la obra de cambiar mi naturaleza. Ahora necesito cooperar con su esfuerzo y obra permitiendo que su bondad me llene. Tito 3:4 dice que debemos *aprender* a hacer el bien. Aquí hay cinco sugerencias sencillas para aprender a hacerlo.

Domine su Biblia

Primero, hágase un estudiante de la Palabra de Dios. Lea la Biblia, estúdiela y memorícela. Llene con ella su mente y su vida. Usted solo tiene dos fuentes para desarrollar sus valores: el mundo o la Palabra. La elección es suya.

Una vez me regalaron una Biblia nueva, y la persona que me la regaló escribió en el frente de esta: *Este libro te apartará del pecado, o el pecado te apartará de este libro.* Eso es cierto. En 2 Timoteo 3:16 Pablo escribe: «Toda la Escritura es inspirada por Dios y útil para enseñar, para reprender, para corregir y para instruir en la justicia.» Por lo tanto, domine la Biblia si quiere hacer el bien. Llene su vida con ella.

No basta con poseer una Biblia, debe usarla. Una Biblia en la mano vale por dos en el estante. Si le preguntara si cree en la Biblia de tapa a tapa, es posible que me diga que sí. Usted cree la Biblia de tapa a tapa, pero ¿la leyó de tapa a tapa? ¿Cómo sabe que cree en ella si ni siquiera sabe lo que dice?

Algunos cristianos son más fieles a Ann Landers (consejera en una columna de periódico) que lo que son a la Palabra de Dios. Son más fieles a las páginas de deportes. No creen en ir a la cama sin antes leer el informe de la bolsa. Devoran el periódico a diario, pero pasan día tras día sin molestarse en abrir la Biblia. Y la Biblia es la que nos enseña la diferencia entre lo bueno y lo malo.

Tal vez esté diciendo: «Bueno, Rick, no entiendo la Biblia.» La solución es simple. Consiga una versión moderna. Hay muchas buenas. Consiga la *Biblia Buenas Nuevas* o la *Biblia al Día*. Consiga una buena Biblia de estudio como la Biblia de Estudio de la Nueva Versión Internacional. Cuando alguien dice: «No entiendo la Biblia», me recuerda a Mark Twain, quien dijo: «Lo que me molesta no son las partes de la Biblia que no entiendo, sino la parte que sí entiendo.» ¿Es ese su problema?

Cuando veo una persona cuya Biblia está desbaratada, normalmente descubro que la persona no lo está. Domine la Biblia.

Proteja su mente

Segundo, si quiere hacer el bien, debe controlar los pensamientos que tiene. Reconozco que digo esto muchas veces en este libro, pero es esencial pues el hombre es lo que piensa en su corazón. El pecado siempre comienza en la mente. Satanás planta las ideas —llamadas tentaciones— en su cabeza. Si cultiva estas tentaciones en su mente, se harán visibles en su vida. El pecado siempre comienza en su mente, así que proteja su mente.

La mayoría de las personas son muy descuidadas sobre lo que permiten entrar a sus mentes. Estoy sorprendido con lo que algunos cristianos ven en la televisión. Ellos dicen: «A mí no me molesta ver ese tipo de cosas.» ¡Mentiras! Mire lo que dice Jesús en Mateo 6:22: «El ojo es la lámpara del cuerpo. Por tanto, si tu visión es clara, todo tu ser disfrutará de la luz.» El próximo versículo dice: «Pero si tu visión está nublada, todo tu ser estará en oscuridad.» Los siquiatras, sicólogos y otros expertos ahora dicen que usted en realidad nunca olvida nada. Quizá no lo recuerde todo de forma consciente, pero todo lo que vio u oyó está en su subconsciente. Todo se mezcla en su mente, y es por eso que tiene esos sueños locos. Así que proteja su mente. Discierna. No permita que cualquier cosa entre en su mente.

Cuando sea bombardeado con basura en la televisión, tiene alternativas. Puede cambiar el canal, o mejor aún, puede apagarlo y emplear un tiempo en la Palabra de Dios. Si quiere hacer el bien, piense en cosas buenas, positivas, y que lo eleven; cosas que son verdaderas, respetables, puras y que merezcan elogio (Filipenses 4:8). No permita que entre material venenoso en su mente. Si quiere hacer el bien, debe ser más cuidadoso con las cosas a las cuales le presta atención. Proteja su mente.

Desarrolle convicciones

Tercero, si quiere aprender a hacer el bien, debe desarrollar algunas convicciones. ¿Qué defiende? Se dijo que si no defiende algo, caerá ante cualquier cosa. Esto es especialmente cierto en la sociedad pluralista americana donde la tolerancia a los puntos de vista opuestos es una virtud muy valorada. Nos encanta parecer que tenemos mentes abiertas. ¡El problema es que algunas personas tienen las mentes tan abiertas que se les cae el cerebro! No defienden nada.

¿Usted sabe la diferencia entre una opinión y una convicción? Una opinión es algo que usted sostiene, una convicción es algo que lo sostiene a usted. Una opinión es algo por lo que discutirá. Una convicción es algo por lo que sufrirá y, si es necesario, hasta morirá.

¿Se da cuenta que los cristianos deben odiar algunas cosas? Romanos 12:9 dice: «Aborrezcan el mal; aférrense al bien.» Eso está bien claro. Debemos aborrecer el mal. ¿Por qué? Una de las razones es por lo que el mal hace a la persona. El mal hiere a la gente. Destruye a las personas. Cuando mira a Jesús de cerca, se da cuenta que la bondad significa defender lo que es correcto y oponerse a lo que es incorrecto. Él odia el pecado pero ama al pecador. Tenemos la tendencia de hacer lo opuesto. Odiamos a los pecadores y amamos el pecado. Pero Dios quiere que tengamos compasión por la gente y también convicción contra el pecado.

La bondad demanda algunas convicciones borrascosas, como el tomar posición en contra de asuntos como: abuso infantil, aborto, pornografía y corrupción. Recientemente oí en la radio que en América una de cada cuatro niñitas será maltratada antes de cumplir dieciocho años. ¡Tenemos que tomar medidas en contra de males como estos! Los cristianos también necesitan protestar cuando se toma el nombre de Jesús en vano. Tener alguna convicción. Cuando oiga hablar de alguna actividad deshonesta, proteste contra ella. Edmund Burke una vez dijo: «Todo lo que se necesita para que triunfe el mal es que los hombres buenos no hagan nada.» Desarrolle algunas convicciones.

Necesita reconocer, desde luego, que si desarrolla algunas convicciones, no será popular con todo el mundo. Algunas personas lo llamarán fanático o loco religioso. Cuando eso pase, recuerde que Pedro dijo que es mejor sufrir por hacer algo bueno que por hacer algo malo (1 Pedro 2:19–20). Jesús nos advirtió que mientras más nos identifiquemos con él, mayor será la hostilidad con la que responderá el mundo que nos rodea.

Si defiende sus convicciones, esté seguro que tendrá oposición. Algunas personas estarán en desacuerdo con usted. La Biblia dice que en los últimos días habrán personas que odiarán el bien (2 Timoteo 3:3). Recuerde que Cristo Jesús vivió una vida perfecta, sin embargo, fue criticado, burlado, mal entendido, y finalmente murió en una cruz. Entonces, ¿qué le hace pensar que la vida será más fácil para usted, o para mí? Esto me lleva al cuarto paso.

Reúna el valor para ser diferente

Si va a aprender a hacer el bien, debe tener el valor para ser culturalmente diferente. Esto asusta pues nuestra sociedad ejerce presión a que nos ajustemos, para seguir la corriente. Si va a una fiesta de la oficina, se espera que actúe de la misma forma que los demás. Se nos motiva para actuar igual, hablar igual, vestir igual y oler igual solo para ser aceptados. Pero a veces la bondad significa estar dispuesto a pararse a solas. Atreverse a ser diferente. Como dice 3 Juan 11: «No imites lo malo sino lo bueno.»

¿Recuerda la historia de los tres jóvenes israelitas que no se arrodillaron ante la estatua del rey Nabucodonosor y fueron tirados en un horno ardiendo? Si es una persona íntegra, pasará por el fuego. Puede darlo por hecho.

Hablando de calor, déjeme preguntarle: ¿Es un termostato o un termómetro? Usted o es uno o el otro. ¿Qué hace un termómetro? Registra la temperatura. Es un reflejo de su ambiente, sea caliente o frío. Por otro lado, el termostato *controla* la temperatura. Influye en su ambiente. Establece las normas. ¿Cuál es usted, un termómetro o un termostato?

Uno de mis versículos favoritos en la Biblia es 1 Pedro 3:17. El autor escribe acerca de sufrir «por hacer el bien». La bondad significa algo más que solo evitar el mal. La bondad también significa ser entusiastas por lo que es correcto. Debemos promover lo que es positivo y bueno.

En Romanos 15, Pablo elogia a los cristianos en Roma. Él dice: «ustedes … rebosan de bondad» (v. 14). En esa época, Roma era la capital del pecado en el mundo antiguo. Las Vegas parecería un picnic de Escuela Dominical. En Roma ocurría todo tipo de corrupción e inmoralidad en el que pueda pensar. Y estando en Roma, ¿qué se esperaba que usted hiciera? ¡Se esperaba que hiciera lo mismo que los romanos! Pero cierto grupo de personas se negó a satisfacer dicha conducta pecaminosa. Ellos tenían integridad. Y Pablo les escribe y les dice que en medio de la fosa, ellos rebosan de bondad. ¡Qué testimonio! ¡Qué reputación! ¿Le gustaría tener esa clase de reputación?

Reúnase con otros creyentes

Por último, si quiere hacer el bien, debe desarrollar el hábito de reunirse con otros creyentes. Un secreto de la bondad de los creyentes romanos es que juntos eran buenos. Se reunían con regularidad para retarse, motivarse y apoyarse unos a otros en su vida cristiana. El autor de Hebreos nos dice: «A fin de estimularnos al amor y a las buenas obras.» Entonces agrega este importante ingrediente: «No dejemos de congregarnos ... sino animémonos unos a otros» (Hebreos 10:24-25).

Nuestro compañerismo con otros creyentes se creó para motivarnos a vivir buenas vidas en un mundo inicuo. Como cristianos no debemos imitar al mundo, pero tampoco debemos vivir aislados de él. Ambos extremos están equivocados. En cambio, debemos aprender a vivir *en* el mundo sin ser *del* mundo. Esa fue la oración de Jesús por sus seguidores en Juan 17. Él también oró: «No te pido que los quites del mundo, sino que los protejas del maligno» (v. 15). La respuesta no es imitar ni aislarse, sino *protegerse*. Dios nos protegerá del maligno, y una de las herramientas más poderosas que usará para hacer esto es la iglesia.

Usted no encuentra soldados que van por su cuenta a pelear con las fuerzas del enemigo. Van en grupo llamados compañías, pelotones o batallones. Ellos saben que se necesitan unos a otros. Entonces, ¿por qué tantos cristianos piensan que pueden ir solos por la vida? ¿Es que no reconocen que están en una batalla con las fuerzas espirituales del maligno? (Efesios 6) ¿No reconocen los peligros? Con sinceridad pienso que muchos cristianos ni siquiera saben que hay una guerra. Están tan fuera de la realidad espiritual que no reconocen que están en medio de una batalla.

Pero los cristianos que saben lo que está pasando, reconocen que se necesitan unos a otros. Disfrutan las reuniones de la iglesia como el recreo y descanso para las líneas del frente de batalla. Ven el servicio de adoración como una gasolinera espiritual, donde ellos pueden llenar el tanque, afinarse y prepararse para volver a la batalla.

La vida cristiana no es fácil, pero vale la pena en términos eternos. Y hacer el bien no siempre es fácil, pero hay un premio. Gálatas 6:9 dice: «No nos cansemos de hacer el bien, porque a su debido tiempo cosecharemos si no nos damos por vencidos.» ¿Cómo combate usted el cansancio? ¿Cómo se mantiene para no darse por vencido? Debe dominar la Biblia, proteger su mente, desarrollar convicciones, tener el valor de ser diferente y reunirse regularmente con otros cristianos para tener apoyo y motivación.

¿Y qué de usted? ¿Está satisfecho con ser un termómetro, solo registrando la frialdad espiritual del ambiente que lo rodea? ¿O desea ser el termostato de Dios en su esquina del mundo? ¡Esta semana use la influencia que tiene para Dios y para el bien en su mundo!

dice: «¿Pero quién puede hallar a alguien digno de confianza?» (Proverbios 20:6.) No es muy fácil encontrar a alguien en quien *realmente* se pueda confiar. La Biblia *Dios Habla Hoy* traduce Proverbios 20:6 de esta manera: «Hay muchos que presumen de leales, pero no se halla a nadie en quien se pueda confiar.» Como pastor, aprendí que no todo el que se brinda de voluntario para servir en verdad lo hace.

¿Por qué la fidelidad es tan importante en la vida cristiana? En primer lugar, debemos ser fieles porque Dios es fiel. El Salmo 33:4 dice: «Fieles son todas sus obras.» Dios quiere que aprendamos a ser fieles pues desea que seamos como él.

Además, la fidelidad hace que la vida sea mucho más fácil. La infidelidad es la causa de muchos problemas en la vida. Proverbios 25:19 dice: «Confiar en gente desleal en momentos de angustia es como tener un diente careado o una pierna quebrada.» ¿Sabe lo que está diciendo el escritor? Está diciendo que las personas en las que no se puede confiar son como un serio dolor de muelas. Son como un pie cojo. Usted sabe qué se siente cuando se tiene un juanete o un callo en un pie. Dolor. Cuando depende de una persona que no es de fiar, nunca puede descansar por completo. Siempre estará preocupado preguntándose: «¿Me volverá a defraudar o esta vez cumplirá?» Trabajar con este tipo de personas es extremadamente frustrante.

En nuestras actividades diarias, todos buscamos fidelidad en otros. Queremos que el repartidor de periódicos sea confiable. Queremos que el cartero sea confiable. Cuando envío una carta, dependo del servicio postal que

NUEVE

Alguien en quien confiar

$\mathcal{E}$n nuestro estudio del fruto del Espíritu vimos: el amor, la alegría, la paz, la paciencia, la amabilidad y la bondad. En este capítulo, consideraremos la cualidad de la fidelidad. Quizá se estará diciendo: «No estoy seguro de poder agregar algo más. Todavía no domino la paciencia.» No se desespere. Recuerde, es el *fruto* del Espíritu, en singular. Todas estas nueve cualidades están inter relacionadas y se desarrollan juntas.

Fidelidad. ¿Se puede contar con usted? Fidelidad no es una palabra que oímos con mucha frecuencia en estos días. Por lo general, es una palabra que reservamos para las fiestas de retiro. Después de veinticinco años de servicio fiel, usted obtiene un reloj de oro. Cuando la mayoría de nosotros piensa en la palabra *fidelidad*, pensamos en cosas viejas. Mi perro puede ser viejo y feo, pero es fiel. Mi carro puede ser viejo y feo, pero es fiel.

Pero, ¿qué significa ser fiel? Quiere decir ser confiable. Quiere decir digno de confianza, leal, consistente. La fidelidad es una cualidad poco común. La Biblia la lleve a su destino. Deseo que la comida de mi restaurante favorito sea consistente semana tras semana.

El géiser —surtidor de agua caliente— más famoso en América es el Viejo y Fiel en el Parque Nacional Yellowstone. El Viejo y Fiel no es el géiser más grande en América. Ni tampoco es el más poderoso. ¡Lo que lo hace famoso es su fidelidad! Trabaja como un reloj. Es confiable. La gente aprecia la fidelidad, hasta de un géiser.

Déjeme preguntarle, ¿quién puede confiar en usted? ¿Tiene una reputación de ser confiable? ¿Alguien que lo conozca bien arriesgaría su vida basándose en su fidelidad? Pocas cosas son más importantes que la fidelidad. Usted puede ser talentoso, educado y creativo, pero si no es confiable, sus talentos no valen mucho. Alguien ha dicho: «La mayor cualidad es ser confiable.»

Otra razón por la que debemos ser confiables es porque Dios premia la fidelidad. En la parábola de los talentos que aparece en Mateo 25, Jesús dice que un día Dios nos va a juzgar. Pero en este juicio no se evaluará nuestra habilidad o buenas intenciones. Dios va a juzgarnos y premiarnos de acuerdo a nuestra fidelidad. La Biblia dice que un hombre fiel será ricamente bendecido. Así que si quiere que lo premien en la gloria, debe aprender a ser una persona en la que se pueda confiar.

Dios quiere que seamos fieles *en* nuestras relaciones y *con* nuestros recursos. Permítale sugerirle ocho características de la fidelidad. Las pondré como imperativos, como cosas que debe hacer para desarrollar la cualidad de la fidelidad en su vida.

Cumpla sus promesas

Proverbios 25:14 dice: «Nubes y viento, y nada de lluvia, es quien presume de dar y nunca da nada.» ¿Conoce a personas así? Hacen promesas, pero nunca las cumplen. Tal vez digan: «Tengo el propósito de hacerlo», pero nunca lo hacen.

Tenga cuidado con las promesas que hace. ¿Alguna vez le dijo a alguien que lo llamará más tarde y no lo hace? ¿Alguna vez dijo: «Ya envié el cheque por correo» antes de enviarlo? ¿Alguna vez prometió orar por alguien y luego lo olvidó? Usted debe ser confiable cuando dice: «Pronto lo devolveré» o «Lo haremos luego». ¡Cumpla con su palabra!

Algunas veces como padre, en un momento de debilidad, hice promesas a mis hijos solo para quitármelos de encima. ¿Hizo esto alguna vez? Les prometo algo que ni siquiera registro en mi mente. Semanas después puede ser que no recuerde lo que dije, pero aprendí que mis hijos nunca lo olvidan. Nunca. Cuando digo: «Bueno, es posible, *quizá*, hagamos algo», ellos interpretan mis palabras como que *definitivamente* haremos algo. Comience a empacar. Usted debe cumplir sus promesas.

Proverbios 20:25 dice: «Trampa es consagrar algo sin pensarlo y más tarde reconsiderar lo prometido.» En otras palabras, siempre es más fácil meterse en un problema que salirse de él. ¿Conoce el principal problema en las relaciones entre padres e hijos? El resentimiento. Y la causa número uno del resentimiento es una promesa incumplida.

Eclesiastés 5:5 dice: «Vale más no hacer votos que hacerlos y no cumplirlos.» Maridos, ¿qué promesas necesita cumplir? ¿Prometió llevar a su esposa de vacaciones, o prometió arreglar la llave de agua del fregadero o ayudar con un proyecto especial? ¿Qué de sus hijos? ¿Les prometió invertir más tiempo juntos o jugar pelota?

Cuando es confiable, no tiene que convencer a la gente de que lo es. No tiene que fanfarronear. No tiene que decir: «Te lo juro o que me caiga un rayo encima.» ¡No, solo dice que lo hará y entonces lo hace! Jesús dijo que su sí debe ser sí y su no debe ser no (véase Mateo 5:37). Al pasar del tiempo, su récord hablará por sí mismo. Otros se sentirán tranquilos porque pueden confiar en usted. Y Dios estará tomando notas en el cielo.

Honre su matrimonio

En una ceremonia nupcial la novia y el novio intercambian anillos como un símbolo de los votos que están tomando. Prometen ser fieles uno al otro por el resto de sus vidas. Fidelidad. No tiene que cometer adulterio para ser infiel. Todo lo que tiene que hacer es dejar que otra cosa tome prioridad sobre su matrimonio. Esto puede ser cualquier cosa: deportes, actividades de la comunidad, televisión o el trabajo. Algunas personas tienen una aventura amorosa con su trabajo. Pero la Biblia dice que si es casado, su relación con el cónyuge solo toma el segundo lugar en relación a Dios. Hebreos 13:4 dice: «Tengan todos en *alta estima* el matrimonio y la fidelidad conyugal.» Haga un círculo alrededor de las palabras *alta estima*. Es decir, «respetar», «valorarlo» y «tomarlo en serio».

Si quiere desarrollar la cualidad de la fidelidad, honre su matrimonio. Esfuércese en esto. El capítulo del amor, 1 Corintios 13, dice que la persona a la que ama puede confiar en usted. ¿Qué significa esto? Quiere decir que ser amado y ser confiable van tomados de mano. El otro lado de la moneda dice que cuando no soy digno de confianza tampoco amo. La fidelidad es una decisión. No depende de lo que otros hacen. Usted se compromete, y a pesar de lo que haga su cónyuge, usted decide ser fiel a los votos que tomó ante Dios. Mantenga su promesa y honre su matrimonio.

Use sus talentos

En 1 Pedro 4:10 leemos: «Cada uno ponga al servicio de los demás el don que haya recibido, administrando fielmente la gracia de Dios en sus diversas formas.» Ahora bien, es un hecho que Dios le dio algunas habilidades espirituales, algunos talentos, algunos dones. Hizo una inversión en usted, y quiere y espera una retribución por su inversión. Si no usa los talentos que le dieron, otra gente se sentirá defraudada pues no está contribuyendo con lo que Dios le capacitó para ofrecer.

Si quiere llegar a ser más fiel, use sus talentos. Tal vez diga: «Bueno, no soy tan talentoso como fulano y zutano. No puedo cantar como ella.» Que no pueda hacer algo espectacular, no lo excusa de hacer lo que pueda. La fidelidad no depende de lo que *no tengo* o *no puedo hacer*. La fidelidad depende de lo que hago con lo que tengo. No soy responsable de cantar a Dios si él no me dio ese don. Pero soy responsable de usar los dones y talentos que Dios me dio.

No todos podemos ser brillantes, pero todos podemos ser fieles. ¡Y la fidelidad es lo que cuenta para Dios! Así que cumpla sus promesas, honre su matrimonio y use sus talentos.

Aproveche al máximo su tiempo

El tiempo es algo que todos tenemos en común. Todos tenemos la misma cantidad de tiempo, ciento sesenta y ocho horas a la semana. Efesios 5:15 dice: «Así que tengan cuidado de su manera de vivir. No vivan como necios sino como sabios.»

Hay tres cosas que se puede hacer con su tiempo. Lo puede gastar, lo puede desperdiciar, o lo puede invertir. El mejor uso del tiempo es invertirlo en algo que perdure. La fidelidad involucra la administración del tiempo.

Hay dos formas principales de perder el tiempo: el lamento y la preocupación. Cuando nos lamentamos por el pasado, perdemos una gran cantidad de tiempo mirando atrás y tratando de cambiar cosas que no podemos cambiar. Cuando nos preocupamos por el futuro, perdemos tiempo preocupándonos por hechos que tal vez nunca sucederán. Como resultado, perdemos el tiempo y la energía provista para el día. Para llegar a ser una persona más confiable, usted tendrá que dejar lo que llamo *el pensamiento del cuando y entonces*. «*Cuando* los niños comiencen en la escuela... *cuando* los niños terminen la escuela... *cuando* los nietos comiencen... *cuando* me retire... *cuando* paguemos todas las cuentas... *podré* servir al Señor.» Dios dice que seamos fieles ahora.

Déjeme decirle algo para aliviar ese sentido de culpabilidad: Dios entiende su horario. Lo entiende bien. Lo entiende mejor que usted mismo. Entonces, ¿qué debe hacer? Háblele acerca de esto. Diga: «Dios, dime qué debo eliminar. Dime qué debo agregar.» Cuando quema la vela por los dos extremos, no es tan brillante como piensa que es. Es probable que necesite eliminar algunas cosas. Y tal vez necesite agregar otras. Dios lo puede ayudar a tomar estas decisiones.

Así que aproveche al máximo su tiempo. Es parte de ser confiable.

Apoye a sus amigos

Cultivar la lealtad personal es otra forma de desarrollar su fidelidad. Una persona fiel apoya a sus amigos. Proverbios 17:17 dice: «En todo tiempo ama el amigo; para ayudar en la adversidad nació el hermano.» Los amigos verdaderos son firmes y dignos de confianza. Se puede contar con ellos en medio de la crisis. Cuando los tiempos se ponen difíciles, un amigo verdadero no te juzga; te acompaña hasta el final. ¿A quién es usted leal? ¿Quién puede confiar en usted? ¿Ellos lo saben?

Hace unos cuantos años, el pastor asociado de la iglesia en la que sirvo me invitó a almorzar, y mientras nos sentábamos, me dijo: «Solo quiero decirte algo. No importa lo que pase, siempre seré tu amigo.» Una lealtad como esa es un tesoro de gran valor. Es imposible ponerle precio.

Si le pido que escriba una carta a cinco personas en quien sabe que puede confiar, ¿a quién le escribiría? ¿Qué pasa si lo hago al revés? ¿Quién le escribirá a usted para decirle: «Sé que puedo confiar en ti si las cosas se ponen difíciles»? Apoye a sus amigos.

Administre su dinero

Si quiere desarrollar el fruto de la fidelidad, debe aprender a administrar su dinero. Dios le dio recursos, y la Biblia dice que la forma en que administre el dinero es una prueba de su fidelidad a él. Jesús dice: «Por eso, si ustedes no han sido honrados en el uso de las riquezas mundanas, ¿quién les confiará las verdaderas?» (Lucas 16:11.) ¡Asombroso! ¡Dios dice que si no es fiel con sus posesiones materiales, él no le confiará recursos espirituales! Así que necesita preguntarse: «¿Estoy dando mis diezmos fielmente al Señor? ¿Pago mis deudas a tiempo? Cuando comparo lo que ofrendo con lo que gasto y lo que gasto con lo que ahorro, ¿está balanceada mi vida? ¿Soy un sabio administrador del dinero que Dios me da? La verdad es que la forma en que maneje sus finanzas determinará en gran manera lo que Dios puede hacer por su vida. ¡Eso es lo que Dios dice! Si Dios no puede confiar en usted con los bienes terrenales, tampoco le confiará los bienes espirituales.

Ahora, ¿qué quiere decir ser fiel con sus finanzas? Específicamente, ¿qué significa ser fiel al dar? 1 Corintios 16:2 dice: «El primer día de la semana, cada uno de ustedes aparte y guarde algún dinero conforme a sus ingresos, para que no se tengan que hacer colectas cuando yo vaya.» Ese versículo define qué significa ser un dador fiel. Dice tres cosas.

Primero, debemos dar **con regularidad**. Debemos dar cada semanal, cada domingo. Una persona que ofrenda fielmente es sistemática, no esporádica. No dice: «Ah, hoy me siento bien. Voy a darle una propina a Dios. Toma, Señor.» Antes pensaba que la ofrenda más espiritual ocurría cuando una persona era conmovida impulsivamente para dar. No es cierto. Dios dice que el ofrendar debe ser constante, *todos* los domingos, ya sea que lo sintamos o no. Este principio se relaciona con el segundo aspecto de la ofrenda fiel.

Dios dice que su ofrenda debe planificarse. Debe planificar en oración y separar algo de lo que ganó. Si está casado, debe sentarse con su cónyuge y acordar la cantidad que cree que Dios quiere que dé cada semana. Si no lo planifica, no será constante. Recuerde, Dios está buscando fidelidad.

Mi esposa y yo mantenemos una cuenta para los diezmos. Descubrimos que la única manera de ser fieles con nuestras ofrendas es mantener un récord de esto. Por esta razón tenemos una cuenta de diezmo en nuestro libro de cuentas. Es la cuenta número uno. Antes de pagar cualquier cuenta, devolvemos nuestro diezmo al Señor. El libro de cuentas nos ayuda a ser fieles.

Por último, la ofrenda fiel es proporcional; es un porcentaje de sus ingresos. La cantidad que debe dar depende de cuánto el Señor le ayudó a ganar. A esto es lo que se refiere el diezmo. El diezmo significa diez por ciento. Dar el diez por ciento debe ser el mínimo, el punto de inicio. Si Dios lo bendijo ricamente con sus finanzas, a usted le será posible dar mucho más que el diez por ciento. Debemos devolver a Dios un porcentaje de lo que él nos permite ganar.

Entonces, mantenga sus promesas, honre su matrimonio, use sus talentos, aproveche al máximo su tiempo, apoye a sus amigos, y administre su dinero. Estas son formas prácticas para llegar a ser más confiables.

Dé el máximo en su trabajo

Si fuera el responsable de contratar personal, ¿qué características buscaría? De seguro una de las cosas que buscaría sería fidelidad. Desde que soy pastor, creo que lleno un formulario de referencia para alguien prácticamente cada semana. Y no recuerdo haber visto uno de estos formularios que no mencione la fidelidad, confiabilidad, puntualidad o consistencia. Todos los patronos, universidades y agencias de misiones quieren saber acerca de la fidelidad de la persona en los hábitos de trabajo.

¿Cómo su trabajo puede afectar su fidelidad? Jesús dijo: «El que es honrado en lo poco, también lo será en lo mucho» (Lucas 16:10). Así que su fidelidad es afectada por cómo usted maneja las pequeñas cosas de la vida. Es más, la vida se compone de pequeñas cosas, así que si no es fiel en las pequeñas cosas, tampoco lo será en las grandes. Lo mismo aplica al desarrollo espiritual. Las pequeñas cosas, como el tener un momento de devoción y oración, producen grandes resultados. El éxito es el resultado de ser fiel en las pequeñas cosas que otras personas descuidan.

¿Tiene un cúmulo de culpas en el trabajo? La mayoría de las personas lo tienen. Es ese pequeño montón de cosas que todavía no ha hecho. La fidelidad incluye la forma en que maneja su montón de culpa. Tal vez no signifique mucho para usted que alguien le escriba una carta, pero quien la escribe, espera una respuesta. Su mundo puede depender de esto. ¿Cómo maneja las pequeñas cosas de la vida?

La fidelidad también se afecta por la forma en que maneja lo que no le pertenece. Jesús dijo: «Y si con lo ajeno no han sido honrados, ¿quién les dará a ustedes lo que les pertenece?» (Lucas 16:12.) Cuando estoy en el trabajo, ¿soy confiable con los suministros como si fuera yo quien los pagara? Si el negocio fuera mío, ¿tomaría recesos adicionales? Si alquilo una cortadora de césped, ¿la cuido como si fuera mía? ¿Me gustaría comprar el carro alquilado del que abusé durante una semana? ¿Cómo cuida las cosas que no son suyas? Dios dice que esa es una prueba de fidelidad.

¿Ve lo práctico que es esto? La fidelidad es importante en diferentes esferas de nuestra vida. Por eso Dios dijo que a usted lo van a premiar por su fidelidad. Esfuércese en su trabajo. La Biblia dice: «Hagan lo que hagan, trabajen de buena gana, como para el Señor y no como para nadie en este mundo» (Colosenses 3:23). Los cristianos deben tener la reputación de ser las personas más confiables en el trabajo. ¡Siempre están conscientes de quién es su verdadero jefe!

Comprométase con una iglesia

La octava manera para desarrollar la fidelidad es comprometerse con un cuerpo de creyentes local y específico. Romanos 12:5 dice: «También nosotros, siendo muchos, formamos un solo cuerpo en Cristo, y cada miembro está unido a todos los demás.» Cada creyente pertenece a todos los demás en el cuerpo de Cristo. Por eso la iglesia local es tan importante.

La Biblia dice que los cristianos están comprometidos en una guerra espiritual (Efesios 6:10–18). Las palabras usadas en la Biblia para describir la vida cristiana están en términos de guerra: *pelear, conquistar, esforzarse, batalla, vencer, victoria.* Y los cristianos son como soldados (2 Timoteo 2:3). El apóstol Pablo nos dice «pónganse toda la armadura de Dios» (Efesios 6:11). Usted está en una batalla espiritual, lo sepa o no, y necesita apoyo y refuerzo. Cuando se convirtió en cristiano, firmó para pertenecer al ejército de Dios.

Ahora suponga que voy a una oficina de reclutamiento y digo que quiero unirme al ejército. Ellos me dicen: «Magnífico, firme aquí en la línea.» Entonces les digo: «Bueno, espere un minuto. Quiero pertenecer al ejército, pero tengo una condición. No quiero comprometerme con ningún pelotón en específico. Quiero tener la libertad de ir flotando de pelotón en pelotón. Seré parte del ejército, pero no quiero comprometerme con ningún grupo específico de soldados. Si la batalla se pone un poco caliente en un área, me iré a otra área y me uniré a otro pelotón. Y si no me gusta el líder del pelotón, me uniré a otro pelotón.» ¿Le gustaría tener a alguien así peleando de su lado en la trinchera? ¡Desde luego que no! Sin embargo, así es como muchos cristianos se relacionan hoy al ejército de Dios. Van flotando de iglesia en iglesia con poco o ningún compromiso hacia un grupo específico de cristianos. Mientras se pelea la batalla, ellos están ausentes sin autorización.

Cuando aceptó a Cristo como su Salvador, se comprometió con Jesucristo. Ahora puede ser parte del cuerpo local de creyentes al comprometerse con ellos. Eso es lo que significa la «membresía a la iglesia» es comprometerse con otros cristianos. Es la decisión de ser participante y no un mero espectador. Usted deja de ser un consumidor y se convierte en un contribuyente.

Después de viajar por muchos lugares en el extranjero, descubrí que los creyentes «flotantes» son un fenómeno único de Estados Unidos. En ninguna otra parte del mundo encontrará personas que se llamen creyentes sin estar comprometidas con una congregación local.

Me gusta lo que dijo mi esposa cuando alguien le preguntó cuál era la diferencia entre asistir a la iglesia y convertirse en miembro de esta. Ella dijo: «Es como la diferencia entre casarse o solo vivir juntos. La diferencia es el compromiso.»

¿Quién puede confiar en usted? ¿Puede alguien confiar en usted? No existe tal cosa como un cristiano «llanero solitario». La palabra griega *koinonia*, usada en la Biblia como «compañerismo», significa estar tan comprometidos a los demás como lo estamos con Jesucristo. Jesús dijo: «De este modo todos sabrán que son mis discípulos, si se aman los unos a los otros» (Juan 13:35). Una forma en la que el amor se expresa es en la fidelidad a otros.

Ya sea cumpliendo sus promesas, honrando su matrimonio, comprometiéndose con su iglesia, esforzándose en su trabajo o siendo leal a sus amigos, Dios honrará su fidelidad. ¿Por qué? Porque él quiere que seamos más y más como Jesucristo, quien fue fiel hasta la muerte.

Usted no puede sobreestimar la importancia de la fidelidad. Jesús narró la parábola del amo que se fue y dejó encargado a sus siervos. Cuando volvió, premió a los siervos, no por sus habilidades, o sus conocimientos, o sus buenas intenciones, sino por su fidelidad. Jesús nos dejó a usted y a mí encargados de sus negocios aquí en la tierra, y un día él volverá. Cuando regrese, ¿nos encontrará fieles?

DIEZ

Un enfoque humilde

Todos queremos tener amigos. Todos necesitamos tener amigos. Es un dato clínico el que usted vive más tiempo si tiene amigos. El Dr. James Lynch hizo un estudio extenso que prueba que en realidad la soledad debilita el sistema de inmunidad de la persona.

Hace años, Dale Carnegie escribió el segundo libro más vendido del siglo pasado, titulado *Cómo ganar amigos e influenciar en los demás*. ¿Por qué vendió tantas copias? Porque todos queremos ser del agrado de otros. Todos queremos tener amigos. Un versículo en Proverbios declara: «El hombre que tiene amigos debe ser amistoso» (18:24, RVR 1995). En otras palabras, si quiere agradar a otros, el ser agradable le ayudará. Y una de las cualidades más agradables es lo que la Biblia llama «humildad».

En la década de los ochentas mucha gente fue al cine y disfrutó de personajes fuertes como Dirty Harry y Rambo, pero en realidad, nadie quiere vivir con ese tipo de personas. Queremos que las personas que nos rodean sea comprensivas, bondadosas y humildes. ¿Qué es la humildad? Basado en la palabra griega original que usa el Nuevo Testamento, la palabra humildad significa de forma literal «fuerza bajo control». La palabra se usó para describir un caballo salvaje que fue domesticado. El caballo domesticado todavía tiene tanta fuerza y energía como cuando era salvaje, pero ahora se puede controlar y ser útil para su amo. Ser manso no significa ser débil, ser un enclenque. Es interesante que en la Biblia solo dos personas fueron llamadas mansas (Jesús y Moisés) y ninguno de los dos eran hombres débiles. Ambos fueron hombres muy fuertes y masculinos.

Gálatas 5:23 dice que el octavo fruto del Espíritu es la humildad. Y Filipenses 4:5 nos dice: «Que su amabilidad sea evidente a todos.» Ahora bien, ¿qué significa ser amable? Quiere decir controlar sus reacciones ante la gente. Significa *escoger* cómo responder a la gente en lugar de reaccionar a ellas.

En este capítulo examinaremos seis tipos de personas con las que usted puede practicar la humildad y desarrollar amabilidad. Son personas con las que se relaciona todo el tiempo.

Sea comprensivo, no exigente

Cuando alguien le *sirve, sea comprensivo, no exigente.* Filipenses 2:4–5 dice: «Cada uno debe velar no sólo por sus propios intereses sino también por los intereses de los demás.»

Ahora déjeme preguntarle, ¿cómo trata a las personas que le proveen algún servicio? ¿Cómo trata al camarero, oficinista, secretario, empleado, cajero y otras personas que le sirven? ¿Es grosero y exigente? ¿O es indiferente e impersonal como si fueran parte de una maquinaria? ¿Entiende que es posible que ellos también tuvieron un día difícil, o solo piensa en usted? La primera forma en la que puede desarrollar amabilidad es empeñarse en entender a las personas que le sirven.

Aprendí el secreto de obtener un servicio extraordinario en un restaurante. Aquí va: trate con respeto a los que le sirven. Es asombroso cuánto más ayudan los camareros cuando usted considera sus sentimientos y simpatiza con la presión que tienen. Mirar más allá de sus necesidades y agenda requiere un poco de esfuerzo, pero los resultados bien valen dicho esfuerzo.

Una vez leí en un popular libro de autoayuda en el que el autor decía que cuando se devuelve mercancía defectuosa, usted debe ignorar al empleado y quejarse directamente con el gerente. Aunque este método puede ser efectivo, el autor no mostró ningún respeto hacia los empleados al proclamar a viva voz: «Todos los empleados son tontos.» Esto es ser exigente en lugar de ser comprensivo.

El primer lugar en el que puede ser amable es en su hogar. La Biblia dice que la belleza con la cual deben adornarse las esposas: «Consiste en un espíritu suave y apacible» (1 Pedro 3:4). Esto tiene más valor que cualquier ropa que usted pueda usar o cualquier perfume que se pueda echar. La amabilidad es un atributo atractivo en una mujer.

La Biblia dice a los esposos: «Ustedes esposos, sean comprensivos en su vida conyugal, tratando cada uno a su esposa con respeto» (1 Pedro 3:7). Sea comprensivo, no exigente con las personas que le sirven y con las personas con quienes vive.

Llénese de gracia y no juzgue

Cuando alguien lo *desilusione, llénese de gracia y no lo juzgue*. Gálatas 6:1 dice: «Hermanos, si alguien es sorprendido en pecado, ustedes que son espirituales deben restaurarlo con una actitud humilde. Pero cuídese cada uno, porque también puede ser tentado.» La tentación a la que Pablo se refiere en este pasaje muy bien puede ser la tentación a juzgar, a ser «muy santurrón». Y esa es una reacción errónea para ser tomada por un cristiano ante un hermano en Cristo que está luchando con el pecado. Romanos 14:1 dice: «Reciban al que es débil en la fe, pero no para entrar en discusiones.» Nos exponemos a los ataques de Satanás en nuestras esferas débiles desde el momento en que comenzamos a juzgar a otros.

Permítame preguntarle: ¿cuál es su reacción ante la gente que echa a perder su vida? ¿Piensa en su interior: *Te lo dije*, o *lo veía venir*, o *es bueno que te pase*, o *cómo puedes ser tan bobo*? ¿Le da un sentido interior de superioridad? La reacción de Jesús ante la mujer que cometió adulterio estuvo llena de sensibilidad. La defendió frente a los demás y entonces, después que la multitud se fue, conversó con ella en privado acerca de su pecado. Él se llenó de gracia y no la juzgó.

¿Por qué debemos empeñarnos en no juzgar? Porque así nos trató Cristo. Romanos 15:7 dice: «Por tanto, acéptense mutuamente, así como Cristo los aceptó a ustedes para gloria de Dios.» Usted ya sabe, Dios soporta mucho por causa nuestra. Y si Dios soporta nuestras inconsistencias y debilidades, nosotros podemos aprender a soportar las faltas de los demás. Cada vez que se sienta tentado a juzgar a otra persona, deténgase y recuerde cuántas veces Dios lo ha perdonado. Mientras más reconozca la gracia de Dios en usted, con más gracia actuará con los demás.

Será más humilde cuando sea comprensible —y no exigente— con los que le sirven. Y cuando las personas lo desilusionen, será más humilde cuando aprenda a actuar con gracia en lugar de juicio. Dios es amable con usted. Y él quiere que usted sea humilde con los demás.

Sea tierno sin rendirse

Cuando alguien esté en *desacuerdo* con usted, *sea tierno sin rendirse*. Es un hecho en la vida que es imposible agradar a todos. Siempre encontrará personas a quienes les gusta discutir y pelear. Alguna gente va a contradecir todo lo que usted diga. ¿Cómo se debe responder a esta gente?

Una de las pruebas de la madurez espiritual es cómo trata a las personas que están en desacuerdo con usted. Algunas personas tienen la necesidad de devastar a cualquiera que no esté de acuerdo con ellas. Si los reta o les ofrece una comparación, queja o crítica, reaccionan con un ataque personal a todo vapor. Entonces, ¿qué hace usted? Tiene tres alternativas: se puede retirar temeroso, puede reaccionar con ira, o puede responder de forma amable. La mayoría de las personas deciden entre retirarse o reaccionar. Muy pocos saben reaccionar con amabilidad.

Si usted cede o se retira con temor de la persona que argumenta, está diciendo: «Está bien, como tú quieras.» La «paz a cualquier precio» trae muchas consecuencias ocultas a cualquier relación.

Por otra parte, si reacciona con ira, entonces toma la ofensiva y pelea cada vez que alguien se le opone. A menudo, la ira es una señal delatadora de que usted se siente inseguro y amenazado por la falta de aprobación de alguien. Y la ira es el aviso que le dice que está a punto de perder algo, con frecuencia, su autoestima. Cuando la gente se enoja, la reacción más normal es ponerse sarcástica y atacar la estima de la otra persona.

La tercera alternativa, reaccionar con amabilidad, es la que Dios quiere que usted tome. Esta clase de reacción requiere un buen balance entre mantener su derecho a opinar y respetar de igual manera el derecho del otro a emitir su opinión. Esto requiere ser amable sin ceder a sus convicciones.

Proverbios 15:1 dice: «La respuesta amable calma el enojo, pero la agresividad echa leña al fuego.» Estoy seguro que ya experimentó que esto es cierto. Yo lo hice. Cuando alguien le hace una pregunta, si responde con arrogancia, el que pregunta posiblemente lo retará. Pero si usted responde tranquilamente, el que pregunta estará más dispuesto a recibir su respuesta. Cuando usted le grita a una persona, esta reaccionará muy a la defensiva.

Santiago 3:16–17 dice: «Porque donde hay envidias y rivalidades, también hay confusión y toda clase de acciones malvadas. En cambio, la sabiduría que desciende del cielo es ante todo pura, y además *pacífica, bondadosa, dócil,* llena de compasión y de buenos frutos, imparcial y sincera.» Santiago destaca la causa de los pleitos y las discusiones: el egoísmo. Esto es, el querer que las cosas se hagan a nuestra manera y el exigir que los demás estén de acuerdo con nosotros. Pero él sigue diciendo que si usted es una persona sabia, entonces es pacífica, bondadosa, dócil y llena de compasión. Conozco muchas personas que son muy inteligentes, y al mismo tiempo, detestables. Todo lo saben. No son amistosas. No son pacíficas. No son humildes. Siempre andan buscando impresionar a otros con sus conocimientos. Si usted es una persona verdaderamente sabia, entonces, es humilde.

Una vez leí un libro titulado *Patton's Principles: For Managers Who Mean It* [Los principios de Patton: Para administradores sinceros]. Estaba lleno de breves declaraciones del General George Patton. Uno de los principios expresados es este: Nunca pelee en una batalla si no va a ganar nada con la victoria. ¿Alguna vez peleó esa clase de batallas en su matrimonio? ¿Discutió por causa de una fecha insignificante?

—Fue en 1982.

—No, fue en 1983.

—No, no. Fue en 1982.

—No, fue...

¿A quién le importa? Nunca pelee una batalla en la cual no ganará nada. La relación con su cónyuge vale más que el punto que está tratando de probar. De todas formas, la mayoría de las veces a ninguno le importa en realidad cuándo sucedió. Quizás usted y su pareja están en una comida, y su esposa comienza a contar una historia. Entonces, usted dice: «Querida, no fue así. Recuerda, fue tía María, no tía Susana.» ¿Usted piensa que las personas que escuchan están interesadas en saber cuál de las tías fue? No. Para nada. No permita que su ego se involucre. Sea sabio. Sea amable.

La humildad es la habilidad de estar *amablemente en desacuerdo*. Usted puede caminar mano a mano con alguien sin verlo todo de la misma manera. De todas formas, si dos personas están de acuerdo en todo, una de las dos no se necesita. La humildad es la habilidad de estar amablemente en desacuerdo.

Al escribirle a Timoteo, Pablo dijo: «Y un siervo del Señor no debe andar peleando; más bien, debe ser amable con todos, capaz de enseñar y no propenso a irritarse. Así, humildemente, debe corregir a los adversarios, con la esperanza de que Dios les conceda el arrepentimiento para conocer la verdad» (2 Timoteo 2:24–25). Pablo está diciendo que la humildad es una cualidad del líder espiritual. ¿Sabe lo que me dice? Me dice que si soy un líder, no debo dejarme arrastrar por los argumentos. Ni usted ni yo debemos involucrarnos en desacuerdos insignificantes ni en conflictos inútiles. En específico, este versículo dice que los pastores deben ser amables ante cualquier oposición a su liderazgo e instruirlos con humildad.

Hasta aquí hemos discutido tres aspectos de la humildad: sea comprensivo, no exigente; llénese de gracia y no juzgue; y sea tierno, sin rendirse. Usted no tiene que dejar sus convicciones, pero necesita ser tierno en la forma que las exprese. Veamos el cuarto aspecto.

Sea educable, no inalcanzable

Cuando alguien lo *corrige, sea educable, no inalcanzable*. Santiago 1:19 dice: «Todos deben estar listos para escuchar, y ser lentos para hablar y para enojarse.» Si hace las primeras dos cosas, la tercera caerá naturalmente en su lugar. Si está listo para escuchar y es lento para responder, será lento para enojarse. Proverbios 13:18 dice: «El que desprecia a la disciplina sufre pobreza y deshonra.» Si quiere ser una persona humilde, use sus oídos más que la boca, y esté dispuesto a aceptar corrección.

Ahora déjeme hacerle una pregunta a usted, esposo. Cuando su esposa se le acerca para hacerle una sugerencia, ¿usted se pone a la defensiva? ¿Toma cada comentario como una amenaza personal a su hombría? La palabra griega traducida «humilde» a veces se traduce «manso». No me gusta la palabra *mansedumbre* porque, en inglés, desafortunadamente rima con debilidad. Las personas tienen la tendencia a igualar la mansedumbre con la debilidad.

Sin embargo, Jesús dijo: «Bienaventurados los mansos, porque recibirán la tierra por heredad» (Mateo 5:5, RVR 1995). ¿En qué piensa cuando digo la palabra *manso*? Probablemente en una alfombra. Tal vez se imagine el cuadro de un gatito encogido de miedo en una esquina. Sin embargo, Jesús se llamó «manso» (véase Mateo 11:29, RVR), y en verdad no tenía miedo de nadie. Los mansos, los humildes, heredarán la tierra pues son gente al estilo de Dios; son como Jesucristo.

La gente más sabia que conozco son las personas más dispuestas a aprender de otros. Siempre están aprendiendo. Admiro a esa gente. Admiro a la persona que tiene la actitud de «enséñame». Yo descubrí que puedo aprender de cualquiera. Usted también. Puede aprender de cualquiera si solo sabe hacer la pregunta correcta. Es importante que nunca deje de hacer preguntas pues en el momento que deje de aprender en la vida, ¡ya terminó! Sea educable, no inalcanzable.

Déjeme preguntarle, ¿de quién estaría dispuesto a aprender? ¿Puede aprender de su esposo? ¿O representa una amenaza para usted? ¿Puede aprender de su esposa? ¿O representa una amenaza para usted? ¿Puede aprender de sus hijos? ¡He aprendido tanto de mis hijos!

Déjeme decirle cómo terminar su vida en soledad: Nunca admita ningún error. Nunca aprenda de nadie. Nunca deje que alguien le enseñe algo. Le garantizo que terminará siendo una persona muy sola. Nadie tiene todas las respuestas. Yo no las tengo. Usted tampoco. Nadie las tiene. Así que todos debemos seguir aprendiendo. Es como el hombre que servía de testigo en un juzgado y el alguacil dice: ¿Jura ante Dios decir la verdad, toda la verdad y nada más que la verdad?» El hombre contestó: «Señor, si supiera toda la verdad y nada más que la verdad, ¡yo sería Dios!» Eso es cierto. Ninguno de nosotros tiene todas las respuestas. La humildad involucra desear aprender de otros.

La humildad también implica estar dispuesto a admitir que uno está equivocado. ¿Cuánto tiempo ha pasado desde que le admitió a su pareja: «Cariño, me equivoqué. Fue mi culpa»? Algunas personas no han dicho esto en muchos años.

Santiago 1:21 dice que esta es la actitud que debemos tener cuando venimos a la Palabra de Dios: «Para que puedan recibir con humildad la palabra sembrada en ustedes.» Nótese la palabra *humildad*. En griego, la palabra *humilde* y la palabra *amable* son las mismas. *Manso* es también la misma palabra. Significa ser educable, no inalcanzable. Cuando nos acercamos a la palabra de Dios, debemos hacerlo con una actitud mansa o humilde, diciendo: «Dios, estoy dispuesto a aprender.»

Sea un actor, no un reactor

Cuando alguien lo *hiera, sea un actor, no un reactor*. Cuando digo «actuar» no quiero decir ser hipócrita ni fingir, sino ser el que *inicie* la acción. Sea un actor, no un reactor. El apóstol Pedro recuerda cómo Jesús actuó en su juicio ante Pilato. «Cuando proferían insultos contra él, no replicaba con insultos; cuando padecía, no amenazaba, sino que se entregaba a aquel que juzga con justicia» (1 Pedro 2:23). Mientras que Pilato lo cuestionaba, Jesús pudo haber ordenado a todos los ángeles del cielo que bajaran y lo rescataran en un instante. El juicio ni siquiera era legal. Pero Jesús soportó el juicio en silencio. Permítame preguntarle, en esa situación, ¿quién estaba realmente en control, Pilato o Jesús? Las dinámicas sicológicas de esta confrontación son fascinantes. Pilato se sentía amenazado por el simple hecho de que Jesús no hablaba ni se defendía. Esto puso a Pilato nervioso. En lugar de reaccionar a Pilato, Jesús asumió el control de la situación al escoger permanecer en silencio. Él sabía en realidad quién era, el Hijo de Dios, y por eso no necesitaba reaccionar ante los insultos de Pilato.

Cuando alguien lo hiera, sea un actor, no un reactor. La fuerza se encuentra en la humildad. Y la humildad es una habilidad que controla el dolor sin desquitarse. Es la habilidad de absorber el golpe sin devolverlo. Jesús lo llamó «poner la otra mejilla». Usted dice: «Hacer eso no es fácil.» No, no lo es; es casi imposible. «No es natural reaccionar de esa forma», dice usted. Tiene razón. Es sobrenatural; es el fruto del Espíritu. Usted necesita el poder de Dios para vivir de esta manera.

Cuando en el trabajo alguien lo traiciona, ¿qué hace usted? ¿Saca su artillería y reacciona? Tal vez diga: «¡Me hiciste enojar!» Cuando dice esto, está admitiendo que otro está controlando sus emociones. Está reconociendo que le dio a esa persona el poder para determinar sus sentimientos y reacciones. Recuerde esto: nadie puede tomar ese control de usted. Usted lo entrega en el momento que comienza a reaccionar. Si alguien le es infiel, ¿reacciona siendo infiel? Aprenda a ser un actor, no un reactor.

La palabra de Dios nos dice: «No paguen a nadie mal por mal ... no te dejes vencer por el mal; al contrario, vence el mal con el bien» (Romanos 12:17–21). Ese es el poder de acción en lugar de reacción. Vengarse es reaccionar. Perdonar es actuar. Es decir: «Escojo la forma de responder.»

Syndey Harris, un columnista sindicalizado, cuenta que acompañó a un amigo a un quiosco de periódicos y observó a su amigo saludar al vendedor con mucha cortesía. Sin embargo, como respuesta recibió un servicio áspero y descortés. El vendedor, en una forma grosera, le tiró el periódico en su dirección. El amigo de Harris le sonrió muy amable y le deseó al hombre un buen fin de semana. Mientras caminaban por la calle, Syndey Harris le preguntó a su amigo:

—¿Siempre te trata tan grosero?

—Sí, así lo hace.

—¿Siempre eres tan cortés y amistoso con él?

—Sí, siempre lo soy.

—¿Por qué eres tan agradable con él si es tan poco amistoso contigo?

Observe esta respuesta, es un clásico:

—Porque no quiero que decida cómo voy a reaccionar.

Esto es humildad. Esto es fuerza bajo control: el escoger la manera de reaccionar a la gente. Esto es escoger ser un actor en lugar de un reactor.

¿Permite que otra persona controle su estado emocional? ¿Permite que otra persona eleve su nivel de felicidad o le sumerja en preocupación, temor o ira? Proverbios 16:32 dice: «Más vale ser paciente que valiente; más vale dominarse a sí mismo que conquistar ciudades.» Este versículo está diciendo que la persona que puede controlar su ánimo es más fuerte que un ejército en una ciudad rodeada de murallas. Pero una persona que no puede controlar su propio espíritu está indefensa, como una ciudad sin murallas alrededor. No tiene defensa, está a la merced de lo que cualquiera le quiera hacer. Diremos más acerca de esto en el próximo capítulo cuando veamos el fruto del dominio propio.

Sea respetuoso

Existe un último tipo de persona con la cual debe practicar la humildad: los no creyentes. Cuando usted le testifica a las personas, cuando hable de su fe, *respételos, no los rechace.* ¿Ha notado que gran parte del evangelismo no pasa de ser un rechazo poco disimulado? Predicamos el evangelio con sentido de superioridad: «Usted necesita lo que yo tengo porque es muy malo.» El hecho es que la gente necesita las Buenas Nuevas, pero nuestra actitud puede impedir que las reciban. Respete a los no creyentes, no los derribe. Respetarlos significa aceptarlos. No significa que deba aprobar su estilo de vida.

Hay una diferencia entre aceptar y aprobar. Puedo aceptarlo como una persona que vale sin aprobar todo lo que hace. Además, debo respetar sus derechos de ser tratado de manera respetuosa.

Primera de Pedro 3:15–16 dice: «Estén siempre preparados para responder a todo el que les pida razón de la esperanza que hay en ustedes. Pero háganlo con *gentileza* y *respeto*» (énfasis del autor). La manera en que usted predique el evangelio puede determinar el interés que la persona demuestre en escucharlo. En efecto, su actitud habla con más poder que las palabras de su mensaje. Desgraciadamente, algunas personas usan el evangelio como una almádana (mazo de hierro empleado para partir piedras).

Hay dos formas de abrir el cascarón de un huevo. Una forma es romperlo; la otra, es colocarlo en un lugar tibio, en un ambiente amoroso, y dejar que incube y se rompa solo. La segunda forma preserva al pollito, mientras que la primera lo mata. De la misma forma hay dos maneras de llevarle a la gente las Buenas Nuevas. Usted puede machacárselas en la cabeza o puede atraelos con amor a la familia de Dios. La forma más efectiva de llevar el evangelio a los inconversos es rodeándolos con amor y aceptación mientras se les habla del evangelio. Sea gentil. Respételos, no los rechace. D.T. Niles dijo: «La evangelización es un pordiosero diciéndole a otro donde encontrar pan.»

Jesús fue humilde, y quiere que nosotros seamos humildes al hablarle a otros de él. La humildad era natural en Jesús, pero a la mayoría de nosotros no nos llega de forma natural. Debemos aprender a ser humildes.

Uno de los beneficios de ser más humilde es llevar un estilo de vida más relajado. Usted será más adaptable, más capaz de rodar con los golpes. Una razón por la que muchas personas «se queman» emocionalmente es porque no son humildes. Siempre están exigiendo sus derechos. Juzgan a los demás. Siempre tienen que probar su punto. No les interesa aprender de otros. Por lo regular, reaccionan a las situaciones con enojo o temor. Y se niegan a tratar a otros con respeto o dignidad.

¿Ahora ve lo importante que es la humildad para disfrutar una vida saludable y feliz? En unos minutos, haga un repaso de su vida. ¿En cuál relación considera más difícil ser humilde? Sea específico. Escriba las partes problemáticas y coloque la lista en su Biblia. Luego, mientras esté leyendo la Palabra y orando, hable a Dios acerca de esas relaciones y pídale que lo ayude a ser humilde con esas personas. Recuerde, usted no puede hacerlo solo, no importa cuánto poder de voluntad tenga. La humildad es un fruto del Espíritu.

ONCE

Cómo desarrollar el dominio propio

Muchos de sus problemas, y de los míos, son el resultado de la falta de dominio propio. ¿Por qué no puedo perder peso? ¿Por qué no puedo mantenerme en un empleo? ¿Por qué no puedo mantener la casa limpia? ¿Por qué no puedo hacer más cosas? ¿Por qué no puede terminar con este mal hábito? ¿Por qué no me puedo poner en forma? ¿Por qué no puedo salir de las deudas? No puedo hacer estas cosas porque necesito dominio propio. ¡Mi gran problema soy yo!

Quizás, como mucha gente hoy día, usted siente que su vida está fuera de control, y tal vez sea así. Se siente abrumado por las circunstancias y las presiones. Se siente indefenso y vulnerable. Al igual que un carro con el volante roto, usted va chirriando en las curvas sin tener control sobre el volante. Esto es una experiencia espeluznante. Proverbios 25:28 dice: «Como ciudad sin defensa y sin murallas es quien no sabe dominarse.»

El dominio propio trae consigo un buen sentido de competencia. Igual que un automóvil bien balanceado, su vida permanece en la senda solo con un ligero toque del volante. Los resultados del dominio propio son la confianza y un sentido interior de seguridad.

El dominio propio y la autodisciplina son también factores claves en cualquier éxito que espere tener en esta vida. Sin autodisciplina no le será fácil conseguir nada que tenga un valor permanente. El apóstol Pablo reconoció esto cuando escribió: «Todos los deportistas se entrenan con mucha disciplina. Ellos lo hacen para obtener un premio que se echa a perder; nosotros, en cambio, por uno que dura para siempre» (1 Corintios 9:25). Los entrenadores dicen que si no se siente dolor es porque no se está logrando el beneficio deseado. Una actuación excelente requiere autodisciplina y dominio propio. Los atletas olímpicos se entrenan durante años para tener la oportunidad de ganar un breve momento de gloria. Pero la carrera que estamos corriendo nosotros es más importante que cualquier acontecimiento atlético terrenal. Por lo tanto, el dominio propio no es una simple opción para los cristianos.

Si queremos alcanzar la verdadera libertad, necesitamos dominio propio. El filósofo griego Epicteto estaba en lo cierto cuando dijo: «Ningún hombre es verdaderamente libre hasta que se domine así mismo.» Jesús lo expresó en estas palabras: «Todo el que peca es esclavo del pecado» (Juan 8:34). Sansón puede haber sido el hombre más fuerte del mundo, pero estaba esclavizado por su lujuria y deseos pues carecía de dominio propio. La fuerza sin el domino propio le causó problemas.

La gente hará casi cualquier cosa por obtener dominio propio, o por compensar la falta de este. ¿Lo ha notado? La gente lo prueba todo: pastillas, terapia, seminarios, resoluciones, cirugía. La publicidad de un programa para bajar de peso tiene este titular: «Si nunca ha tenido éxito en la pérdida de peso permanente, quizás necesite un poco de ayuda interior.» Pensé: *Magnífico. Eso es lo que sé hacer bien. La Biblia dice que seamos fuertes interiormente, el control interno.* Así que seguí leyendo: «Está harto de programas para perder peso, ¿verdad? Ya ha probado casi todo, solo para aumentar de peso de nuevo. Bueno, hay algo que debe saber. Comer demasiado no es solo un mal hábito. Es una enfermedad. Y como cualquier otra, usted no la puede curar por su propia cuenta. Necesita ayuda profesional. Y la puede obtener a través del (¿está preparado para esto?) *Programa de la burbuja gástrica.* Así es como trabaja: Se inserta una burbuja plástica en su estómago, sin cirugía. Dos cosas suceden. Ocupa un gran espacio, provocando que usted coma menos. Y disminuye su apetito. *El resultado: Usted pierde peso.*» (*Registro del Condado Orange*, 18 de abril de 1985). Como ya dije, la gente probará casi cualquier cosa para obtener más dominio propio, o compensar la falta de este.

Bueno, si estas respuestas «rápidas y fáciles» no le proporcionan dominio propio, ¿cómo lo conseguimos? ¿Cómo conseguimos el verdadero autocontrol? La Palabra de Dios es muy clara en este tema. Permítame sugerirle siete pasos para desarrollar el dominio propio.

Admita su problema

El primer paso para desarrollar el dominio propio es aceptar su responsabilidad por la falta del mismo. Admita su problema. Santiago 1:14 dice: «Cada uno es tentado cuando *sus propios malos deseos* lo arrastran y seducen» (énfasis del autor). ¿Reconoce lo que esto dice? Dice que usted hace cosas porque ¡*le gusta* hacerlas! Cuando hago algo que sé que es malo para mí, lo sigo haciendo porque me gusta. Quiero hacerlo. Es un deseo interior.

A menudo tratamos de ignorar nuestros problemas o negamos que los tenemos: «No tengo un problema. ¿Qué problema?» Con frecuencia razonamos: «Es que soy así», «Todo el mundo lo hace». A veces culpamos a otros: «Si tuviera otros padres», «El diablo me hizo hacerlo». ¿Sabe algo? Podemos culpar a cualquiera, pero mientras sigamos perdiendo nuestra energía tratando de arreglar la culpa, no podremos arreglar el problema.

Santiago dice que nos gusta seguir el camino con menos resistencia, y ceder a la tentación es por lo general el camino más fácil. El punto para comenzar a desarrollar el dominio propio es encarar lo que Dios ya dijo acerca de mí: Soy responsable de mi conducta. ¿Quiere más dominio propio? El primer paso es admitir que tiene un problema y ser específico acerca del mismo. «Tengo este problema. En esto es donde necesito ayuda.» Puede ser que tenga problema con la comida, la bebida, su vocabulario, su temperamento, el dinero, el ejercicio, el sexo, la ropa, el tiempo; todas estas esferas necesitan dominio propio. Comience orando específicamente por sus esferas problemáticas.

Deje atrás el pasado

El segundo paso para desarrollar el dominio propio, y este es muy importante, es dejar atrás el pasado. Nótese que Pablo dice en Filipenses 3:13–14: «Olvidando lo que queda atrás y esforzándome por alcanzar lo que está delante, sigo avanzando hacia la meta.» Este versículo pone de manifiesto un concepto erróneo que le impide ganar el dominio propio: una vez fracasado, siempre será un fracasado. Tal vez usted diga: «Ay, pero yo traté de dejar mi mal hábito. En efecto, lo traté de hacer quince veces. Creo que nunca lograré controlar esto.» Esto es una equivocación. El fracaso del pasado no significa que nunca podrá cambiar. Sin embargo, el concentrarse en los fracasos del pasado sí le garantiza que se repetirán. Es como manejar un carro mirando todo el tiempo por el espejo retrovisor. Va a chocar con lo que tenga al frente. Usted tiene que dejar atrás el pasado.

¿Ha observado a un bebé aprendiendo a caminar? Tal vez se caiga muchas veces, pero no se queda en el piso. Sigue probando hasta que al final alcanza el éxito. Un bebé aprende a caminar gracias a la persistencia. ¿Se imagina dónde estaría si se hubiera dado por vencido cuando tropezó y se cayó dos o tres veces? *No hay esperanzas. Soy un fracasado. Nunca caminaré. Seamos sinceros. Alguna gente está hecha para caminar, mientras que otros no están hechos para caminar. Yo sé que no estoy hecho para caminar porque ya probé y me caí tres veces.*

La primera vez que besé a una muchacha estaba muy nervioso. Es decir, no quería que las narices chocaran. Así que de alguna forma incliné la cabeza un poco, y ella inclinó su cabeza un poco, y logramos una conexión. Me da vergüenza admitir lo que pasó después. Ella tenía el pelo largo y mis espejuelos se enredaron con su pelo.

Mi primer beso fue un fracaso. ¡Pero me alegro mucho de no haberme dado por vencido con los besos!

Deje atrás su pasado. No importa cuántas veces haya fracasado. Pruebe de nuevo. Solo que esta vez hágalo de otra forma, admitiendo que tiene un problema. Ponga el pasado atrás. Como Thomas Edison dijo una vez: «No lo llame fracaso, llámelo educación! ¡Ahora sabe qué es lo que no resulta!»

Contéstele a sus sentimientos

El próximo paso para tener más dominio propio es contestarle a sus sentimientos. Rételos. Hoy día, enfatizamos demasiado en nuestros sentimientos. Pensamos que todo tiene que sentirse bien o no vale la pena. «No tengo deseos de estudiar. No tengo deseos de trabajar. No tengo deseos de levantarme. No tengo deseos de leer la Biblia. No tengo deseos de lavar el carro.» O: «Tengo deseos de servirme más comida u otro trago. Tengo deseos de ver televisión por diez horas.» No le dé tanta autoridad a sus deseos. Los deseos no son de fiar.

Déjeme preguntarle, ¿usted permite que su estado de ánimo lo manipule? Dios no quiere que sus deseos lo controlen. Él quiere que sea usted quien domine su estado de ánimo. Con Cristo como el amo de su vida usted *puede* aprender a dominar sus sentimientos. Contésteles. Dios dice que él quiere que usted aprenda a retar sus emociones.

Por ejemplo, digamos que usted está peleando la batalla de una cintura abultada. Antes de comenzar a caminar hacia la cocina y abrir la puerta del refrigerador ya comenzó a hablarse acerca de la comida. Si en realidad quiere perder peso, tendrá que retar algunas de estas actitudes subconscientes con respecto a la comida. Cuando se oiga diciéndose: «Me tengo que *comer* una merienda o me muero», entonces debe contestarse y decirse algo así: «No, no me voy a morir si dejo de comer una merienda. Por el contrario, estaré más saludable si no me la como.»

En Tito 2:11–12 leemos: «En verdad, Dios ha manifestado a toda la humanidad su gracia, la cual trae salvación y nos enseña a rechazar la impiedad y las pasiones mundanas. Así podremos vivir en este mundo con justicia, piedad y dominio propio.» La gracia de Dios nos da el poder de hacer lo que es correcto. Dios le da la habilidad de decir no a ese sentimiento, deseo o impulso. Es un poder sobrenatural. Con la ayuda de Dios usted puede dominar sus actitudes.

Crea que puede cambiar

Si va a cambiar y a tener más dominio propio, debe comenzar por creerlo. La verdad es que sus creencias controlan su conducta. En casi todos los capítulos mencioné que el fruto del Espíritu comienza en sus pensamientos. La semilla debe plantarse en su mente. La manera de pensar determina la manera en que se siente, y la manera en que se siente determina la manera en la que actúa.

Tanto la persona que dice: «No puedo hacerlo», como la persona que dice: «puedo hacerlo», están correctas. La mayoría del tiempo usted se prepara para ser derrotado por el hábito de decir: «Nunca podré dejar esto. Es que soy así. Nunca me será posible cambiar.» Su creencia personal se convierte en una profecía capaz de cumplirse.

Tres veces, en 1 Pedro, Dios nos recuerda que debemos tener claridad mental y dominio propio. ¿Por qué? Porque una mente clara tiene mucho que ver con el dominio propio. Dios nos dio el poder para cambiar nuestros hábitos al darnos el poder de elegir nuestros pensamientos. ¿Acaso Romanos 1:12 nos dice que seamos transformados trabajando fuertemente en eso o simplemente con toda nuestra voluntad? No. ¿Cómo seremos transformados? Por la renovación de nuestra mente. Cuando su dominio propio sea probado, usted necesita llenar su mente con las promesas de Dios. Veamos una de estas bellas promesas.

Primera de Corintios 10:13 dice: «Dios es fiel, y no permitirá que ustedes sean tentados más allá de lo que puedan aguantar. Más bien, cuando llegue la tentación, él les dará también una salida a fin de que puedan resistir.» Eso es un hecho. Si usted es cristiano nunca puede decir: «La tentación era muy fuerte; no pude resistirla.» La Biblia dice que Dios es fiel. Si usted es cristiano, él no le dejará ser tentado más allá de lo que pueda soportar. Él nunca pondrá *sobre* usted más de lo que pone *dentro* para soportarlo.

Así que concéntrese en las promesas positivas de Dios de ayuda y fortaleza. Filipenses 4:13 dice: «Todo lo puedo en Cristo que me fortalece.» Puedo *cambiar*. Puedo ser diferente. Deje de entrenarse para el fracaso al criticarse constantemente. Deje de criticarse, condenarse y rebajarse: «Ah, no valgo nada. No soy bueno. Ni siquiera debo ir a la iglesia. Sencillamente no tengo control sobre mi vida.» ¡Criticarse no resulta, ni en usted ni en nadie más! En cambio, recuerde lo que Jesús dijo: «Para el que cree, todo es posible» (Marcos 9:23).

Rinda cuentas a alguien

El quinto paso para desarrollar su dominio propio es uno difícil: rinda cuentas a alguien. Este paso no nos gusta, pero lo necesitamos desesperadamente. Busque a alguien que esté pendiente de usted, que ore por usted, y que lo anime en las esferas donde quiera desarrollar más dominio propio. Eclesiastés 4:12 dice: «Uno solo puede ser vencido, pero dos pueden resistir.» Ese es el valor de la filosofía de Alcohólicos Anónimos, el sistema de «compañerismo», donde lo animan a llamar a alguien cada vez que sienta que va aumentando la presión para volver al camino antiguo y destructivo. Gálatas 6:2 dice: «Ayúdense unos a otros a llevar sus cargas, y así cumplirán la ley de Cristo.»

Déjeme sugerirle un proyecto. Si en verdad está considerando el dominio propio, busque a alguien en su iglesia y vaya a él y diga: «Tengo este problema. Se lo confesé a Dios. Pedí perdón, y ahora quiero pedirte que me ayudes. ¿Serías mi compañero, la persona a la que puedo llamar por teléfono cuando necesite apoyo y ánimo?» Creo que el deseo de Dios es que cada iglesia esté llena de relaciones de «compañerismo» donde la gente rinda cuentas unos a otros, relaciones donde la gente se ayude y anime mutuamente en el Señor. Tener a alguien a quien rendirle cuentas es difícil, pero resulta.

¿Qué debe buscar en su «compañero»? Varias cosas. Primero, los hombres deben tener un «compañero» hombre y las mujeres una mujer. Cuando dos personas se cuentan sus luchas, se desarrolla un vínculo natural de cercanía que lleva a la intimidad. Usted no necesita colocar otra tentación en su paso al compartir problemas personales con alguien del sexo opuesto. Segundo, busque a una persona en quien pueda depender para mantenerse en este compromiso, alguien que sea fiel. Y busque a alguien que mantenga sus problemas confidenciales. No escoja a alguien que tenga fama de hablar mucho. Una última cosa que ayudará a que este sistema de compañerismo resulte: diga a su compañero que tiene permiso de chequearlo de vez en cuando. Déle el derecho de preguntarle: «¿Cómo te va con tu problema?» Saber que alguien le estará preguntando acerca del problema es un incentivo adicional para no caer en tentación. Tal vez ese sea el empujón extra que necesita para mantenerse en la ruta hacia la victoria del dominio propio.

Evite la tentación

El sexto paso para tener más dominio propio es sencillamente sentido común: evite las cosas que lo tientan. Manténgase lejos de situaciones que debiliten su autocontrol. Si no quiere que lo piquen, aléjese de las abejas.

Como director de jóvenes, acostumbraba decirle a los jóvenes: «En esta etapa de la vida tu apetito sexual es tan poderoso que debes prepararte por adelantado para controlarlo. Cuando tengas una cita, te dirigirán tus planes o ¡tus glándulas! Así que planifica lo que vas a hacer y no lo hagas en la cita. El momento para comenzar a pensar en practicar el dominio propio no es cuando estás en el asiento trasero del carro.»

Planifique, con anticipación, evitar situaciones que sabe van a causarle tentación en su vida. No tenga caramelos en los estantes, si está tratando de hacer dieta. No adquiera tarjetas de crédito, si gasta impulsivamente. Planifique su vida de modo que evite lo que debilita su dominio propio.

Efesios 4:27 dice: «Ni den cabida al diablo.» No le dé un asidero al pie. Una vez hablé con un hombre que había dejado de fumar, y le pregunté cómo había logrado el éxito. Me contestó: «¡Mojaba los fósforos!» En el tiempo que le tomaba tratar de encender el cigarrillo, ya estaba de nuevo en control.

¿Qué necesita evitar en su vida? ¿Qué necesita eliminar? ¿Tal vez una revista? ¿Tal vez algunos libros o videos en su casa? Tal vez necesite terminar una relación que sabe que no le conviene. Primera de Corintios 15:33 dice: «Las malas compañías corrompen las buenas costumbres.» Quizás necesite alejarse de algunas personas. Tal vez cuando está cerca de ciertas personas usted cede a la tentación. La Biblia nos advierte sobre los amigos como esos. Evite la gente y las situaciones que lo tienten a perder el dominio propio.

Hay un magnífico libro de cuentos para niños titulado *Frog and Toad Together* [La rana y el sapo juntos] de Arnold Lobel. Esto es de una sección llamada «Galletitas»:

El sapo horneó unas galletitas.

—Estas galletitas huelen muy bien —dijo el sapo. Se comió una—. Y saben mucho mejor. El sapo corrió a la casa de la rana.

—Rana, Rana —gritó el sapo— prueba estas galletitas que hice.

La rana se comió una de las galletitas.

—¡Estas son las mejores galletitas que he comido! —dijo la rana. El sapo y la rana se comieron muchas galletitas, una tras otra, tras otra.

—Tú sabes, sapo —dijo la rana con la boca llena—, creo que no debemos de comer más. Pronto nos enfermaremos.

—Tienes razón —dijo el sapo—. Vamos a comernos la última galletita y luego pararemos.

El sapo y la rana se comieron una última galletita. Quedaron muchas en el plato.

—Rana —dijo el sapo—, vamos a comernos una última galletita y entonces pararemos. La rana y el sapo se comieron una última galletita.

—No debemos de comer más— gritó el sapo mientras se comía otra.

—Sí —dijo la rana, mientras agarraba otra galletita— necesitamos fuerza de voluntad.

—¿Qué es fuerza de voluntad? —preguntó el sapo.

—Fuerza de voluntad es hacer un gran esfuerzo para *no* hacer algo que realmente quieres hacer.

—¿Quiere decir algo como tratar de *no* comerse todas estas galletitas? —preguntó el sapo.

—Correcto —dijo la rana. La rana puso las galletitas en una caja.

—¡Ya! —dijo—, ahora no comeremos más galletitas.

—*Pero* podemos abrir la caja —dijo el sapo.

—Es verdad —dijo la rana. Entonces amarró la caja con algunos cordeles.

—Ya —dijo—, ahora no comeremos más galletitas.

—*Pero* podemos cortar el cordel y abrir la caja —dijo el sapo.

—Es cierto —dijo la rana. Entonces buscó una escalera y subió la caja en un estante alto.

—Ya —dijo la rana— ahora no comeremos más galletitas.

—*Pero* podemos subir la escalera y bajar la caja del estante y cortar el cordel y abrir la caja —dijo el sapo.

—Es cierto —dijo la rana. Entonces la rana subió la escalera, bajó la caja del estante, cortó el cordel y abrió la caja. La rana llevó la caja afuera. Y gritó muy fuerte: —Oigan pajaritos. Aquí hay galletitas.

Los pájaros vinieron de todas partes. Se llevaron todas las galletitas en los picos y se fueron volando.

—Ahora no tenemos más galletitas que comer —dijo el sapo con tristeza— ni siquiera una.

—Sí —dijo la rana— ¡pero tenemos mucha, mucha fuerza de voluntad!

—Te puedes quedar con toda, Rana —dijo el sapo—. Me voy a la casa a hornear un pastel.

(Harper & Row. Usado con permiso)

¡Esto muestra lo fuerte que es a veces nuestra fuerza de voluntad! El punto es este: ¿Qué hay en su vida que necesita dar a «comer a los pájaros?» ¿Qué necesita evitar? Tal vez necesite cambiar su trabajo porque una relación allí es incorrecta y lo está dañando. Esa es una medida drástica, pero quizás necesite hacer algo así para evitar cualquier cosa que lo esté tentando en este tiempo en particular. Usted sabe que ahora mismo no es lo suficiente fuerte para resistirlo.

Vamos a repasar los pasos para desarrollar el dominio propio que hemos expuesto hasta aquí: Admitir su problema; dejar atrás el pasado; contestar a sus sentimientos, comenzar a creer que puede cambiar; rendir cuentas a alguien; evitar las cosas que lo tienten. Ahora, hay un paso más, y este es el secreto para un dominio propio perdurable.

Dependa del poder de Cristo

Si quiere desarrollar el dominio propio, aprenda a depender del poder de Cristo para que le ayude. Gálatas 5:16 dice: «Vivan por el Espíritu, y no seguirán los deseos de la naturaleza pecaminosa.» Nótese la secuencia en esta oración. Es muy importante. Deje que el Espíritu guíe su vida, ese es el primer paso, y usted no podrá satisfacer los deseos de la naturaleza humana. Fíjese que no dice que usted no tendrá esos deseos. La gente que tiene la plenitud del Espíritu todavía *tienen* los deseos de la carne. Solo dice que usted no los satisfará.

Por lo general tenemos la secuencia al revés. Lo que normalmente decimos es: «No soy lo suficientemente bueno para tener el Espíritu de Dios en mi vida. No soy digno de su dirección. Mi vida es un desorden. Una vez que me reponga, una vez que tenga este hábito controlado, entonces voy a ir a Dios y realmente viviré por él. Entonces voy a dejar que el Espíritu Santo controle mi vida… después que lo tenga todo ordenado.» Dios dice: «No, ese no es el orden.» Él no dice: «Arregla tu vida y *luego* yo te ayudaré.» Por el contrario, Dios dice: «Déjame entrar en tu vida. Deja que mi Espíritu Santo te controle mientras luchas con ese problema. Te ayudaré a cambiar.» La secuencia da un resultado increíble.

¿Qué pensaría si le dijera: «Primero voy a ponerme bien, y luego iré a ver al médico.» Diría que estoy loco. Es una idea ridícula. «Primero voy a ponerme bien, y luego me tomaré la medicina.» Es absurdo, pero constantemente oigo a la gente decir cosas así. «Usted sabe, Rick, voy a dejar este mal hábito y luego asistiré a la iglesia. Voy a arreglar mi vida, y luego me entregaré a Cristo.» O: «Tengo un problema en mi vida, voy a esperar hasta que ese problema se resuelva, y entonces me voy a bautizar.» La verdad es que usted necesita a Cristo en su vida *ahora* para ayudarlo a resolver el problema. Él tiene el poder para ayudarlo a cambiar.

Oí a mucha gente decir: «No soy tan bueno para ser cristiano, ni siquiera voy a intentarlo.» ¡Bien! No lo intente, solo confíe. Ponga su confianza en Cristo y dependa de él para cambiar lo que no pudo cambiar. Y busque una iglesia donde pueda crecer. La iglesia es el hospital para los pecadores, no un hotel para santos. La iglesia es para la gente que está dolida. La iglesia es para la gente que no lo tiene todo ordenado, pero son lo suficientemente honesto para decir: «No somos perfectos, pero queremos crecer. Y estamos todos juntos en esto.»

Quizás usted diga: «Sé donde me falta el autocontrol, y sé que lo que estoy haciendo está mal, pero aun así me gusta hacerlo.» ¿Y qué? ¿Usted cree que eso sorprende a Dios? La Biblia dice que en el pecado hay placer durante un tiempo. ¿Qué significa esto? Significa que el pecado es divertido, por lo menos durante un tiempo. Ninguno de nosotros pecaría si de forma inmediata el pecado nos hiciera miserables.

Note que en Filipenses 2:13 dice: «Pues Dios es quien produce en ustedes tanto el querer como el hacer para que se cumpla su buena voluntad.» ¿No es este un gran versículo? Dice que Dios no solo nos hace querer hacer lo bueno, pero además nos da el poder para *hacer lo que es bueno*. Pero primero debe tenerlo a Él en su vida.

¿En qué esferas de su vida usted tiene problema para decir no? ¿Le cuesta trabajo decir no a la comida?

¿Le cuesta trabajo decir no a los gastos excesivos? ¿Alcohol? ¿Drogas? ¿Sexo ilícito? ¿Cigarrillos? ¿Le cuesta trabajo decir no a sus sentimientos? Quizás esté luchando en realidad con alguna adicción. Tal vez nadie más lo sepa, pero el Señor lo sabe. Y Él se interesa por usted. Pero lo mejor es que Él es capaz de hacer algo al respecto. ¿Se detendría ahora mismo para, en oración, pensar en estos siete pasos, y pedirle a Dios que lo ayude a comenzar el camino para el dominio propio?

El secreto del dominio propio es el control de Cristo. Si aún no lo ha hecho, pídale a él que tome ahora mismo el control de su vida. Luego, cuando enfrente tentaciones que son muy fuertes de resistir, recuerde que él está con usted y entrégueselas a él. Recuerde, ¡Cristo le da el poder para transformar su vida!

DOCE

Una vida productiva

¿Alguna vez se preguntó por qué algunas personas son capaces de lograr tantas cosas con su vida? ¿Qué los hace ser tan productivos? En Estados Unidos vivimos muy conscientes de la productividad en todos sus niveles. Una vez al mes el gobierno publica un informe de nuestro producto bruto nacional. Esto nos dice cuán productivos fueron nuestros negocios e industrias. Es un retrato importante de nuestra salud económica nacional.

Imagínese que cada mes se publicara un informe de productividad de cada uno de nosotros. ¿Cómo se vería el suyo? ¿Mostraría resultados positivos o negativos? ¿Crecimiento o declive? Piense en el futuro. ¿Qué le gustaría hacer para que al final de su vida pueda decir: «Viví una vida productiva. Logré todo lo que debía lograr?» ¿Alguna vez definió lo que considera una vida productiva? Más importante aun, ¿sabe cuál es la definición de Dios para una vida productiva y fructífera? ¿Qué significa ser un cristiano fructífero?

La palabra *fruto* se usa sesenta y seis veces en el Nuevo Testamento. Se mencionan tres clases de frutos diferentes. La primera clase es el fruto natural: higo, uvas y pasas. Esta es la clase de fruto que usted come. La Biblia también menciona el fruto biológico: bebés. La tercera clase de fruto es el fruto espiritual: el carácter semejante a Cristo. En los capítulos anteriores, examinamos el fruto del Espíritu: amor, alegría, paz, paciencia, amabilidad, bondad, fidelidad, humildad y dominio propio. Dios quiere ver esa clase de fruto en nuestras vidas. Esa es su definición de una vida productiva.

En Juan 15:8, Jesús dice: «Mi Padre es glorificado cuando ustedes dan mucho fruto y muestran así que son mis discípulos.» La prueba de que usted es un discípulo es que produce fruto. «No me escogieron ustedes a mí» —Jesús sigue diciendo— «sino que yo los escogí a ustedes y los comisioné para que vayan y den fruto, un fruto que perdure» (Juan 15:16). Dios quiere que produzcamos fruto, mucho fruto. Él quiere que seamos productivos. En este último capítulo veremos las cuatro condiciones que da la Biblia para ser fructíferos.

Cultive las raíces

Si quiero ser fructífero, debo *cultivar algunas raíces*. Dios dice que sin raíces no habrá fruto. Jeremías 17:7–8 dice: «Bendito el hombre que confía en el SEÑOR, y pone su confianza en él. Será como un árbol plantado junto al agua, que extiende sus raíces hacia la corriente; no teme que llegue el calor, y sus hojas están siempre verdes. En época de sequía no se angustia, y nunca deja de dar fruto.» Usted debe tener buenas raíces para producir fruto. Si no tiene raíces, sencillamente no producirá ningún fruto.

Ahora, ¿por qué necesitamos raíces? Este pasaje da una razón. Necesitamos raíces para pasar los tiempos difíciles, los tiempos de calor y los tiempos de sequía. La raíz es la línea de sustento para alimentar toda la planta o árbol. ¿Alguna vez sintió el calor en la vida, tiempos en los que hay presión? Estoy seguro que puede recordar esos tiempos de tensiones. Entonces es cuando usted necesita raíces.

Crecí cerca a los gigantes árboles secoyas en el norte de California. Es asombroso ver cómo estos árboles pueden resistir los grandes fuegos forestales. Y hasta pueden sobrevivir con rajaduras en el tronco de hasta cuatro a cinco pies gracias a sus tremendas raíces. O tome un árbol más común como el roble. Si las raíces de un árbol de roble grande pudieran estirarse, cubrirían varios cientos de millas. Es por eso que los robles son tan estables.

Hace un tiempo leí acerca de una planta de banano. Es casi indestructible. La puede cortar en pequeños pedazos, y volverá a crecer. La puede quemar y volverá a crecer. Solo hay una forma de acabar con la planta, y es desarraigándola. Las raíces son la clave del fruto.

Proverbios 12:3 dice que «solo queda firme la raíz de los justos». El hombre justo puede soportar el calor. También puede soportar el tiempo de sequía, una larga estación sin lluvias. En una sequía, los recursos son limitados. Todo se seca, y muchas cosas mueren. Pero los justos prevalecen. ¿Aprendió que algunas veces en la vida hay que estar sin las cosas de las que por lo general dependemos?

Tal vez en estos momentos esté pasando por una sequía. Quizás lo está haciendo sin tener apoyo emocional. La está pasando sin amigos, o sin salud, o sin un trabajo, o sin estabilidad financiera. O está tratando de sobrevivir con límites en su tiempo, energía o dinero. Está en una sequía. ¿Cómo controla las temporadas de sequías en la vida? ¿Se marchita? ¿Se seca y el viento lo arrastra?

Si alguna vez visita el desierto de Arizona, encontrará que está lleno de diferentes clases de vegetación. Los contrastes siempre me han fascinado. La planta rodadora vuela por todas partes. ¿Por qué? Porque no tiene raíces. En contraste, el cactus saguaro produce fruto hasta con una temperatura de ciento treinta grados. ¿Por qué? Porque el cactus saguaro tiene raíces de cincuenta a sesenta pies que crecen en todas direcciones. Usted tiene que tener raíces si quiere sobrevivir en medio de una sequía.

Cualquiera puede sobrevivir un día de sequía, pero hacerlo durante un tiempo largo de estrés es otro asunto. Por ejemplo, si el flujo de fondos en su negocio es malo durante un mes, posiblemente usted dirá: «Bueno, lo mejoraremos el próximo mes.» Pero si al final del segundo mes, las cosas no mejoran, usted comenzará a sentir un poco de ansiedad. Al tercer mes comenzará a sentir pánico, y al cuarto mes tendrá una gran depresión, a menos que tenga algunas raíces.

¿Cómo se cultivan las raíces? Un buen lugar para comenzar es memorizando el Salmo 1:2-3. El salmista habla acerca de la vida estable, la vida que tiene raíces. Él dice que las raíces se desarrollan al leer y meditar en la Palabra de Dios. Eso mismo lo aprendemos en el

Nuevo Testamento, en Colosenses 2:6–7. Emplee tiempo diariamente leyendo, meditando, memorizando y obedeciendo la Palabra de Dios. Así es como se desarrollan raíces espirituales fuertes, raíces que profundizan en la tierra de la Palabra de Dios. Estas raíces lo capacitarán para soportar el calor de la presión y la privación de la sequía.

Elimine la yerba mala

La segunda cosa que necesita hacer para ser productivo es *eliminar la yerba mala* en su vida. Jesús ilustra esto en la parábola del sembrador. Él menciona cuatro tipos de terreno. Cada uno representa una manera en la que podemos responder a la Palabra de Dios. En Lucas 8:11–14 leemos: «La semilla es la palabra de Dios ... La parte que cayó entre espinos [yerba mala] son los que oyen, pero, con el correr del tiempo, los ahogan las preocupaciones, las riquezas y los placeres de esta vida, y no maduran.» Si quiere producir fruto, tiene que cultivar buenas raíces y luego eliminar la yerba mala.

Aquí hay una pregunta para ponerlo a pensar: ¿Cuántas clases de yerba mala crecen en los Estados Unidos? El gobierno informó que hay doscientas cinco variedades de yerba mala en los Estados Unidos. Calculo que de estas, el setenta y dos por ciento está en mi patio. A decir verdad, pensé en abrir una exhibición y cobrar la entrada: «Finca de Yerba Mala Warren.» Son increíbles.

¿Cuáles son las yerbas malas en su vida? Hay muchos tipos de yerba mala que pueden crecer en su vida y ahogar su vitalidad espiritual. Las yerbas malas son las preocupaciones e intereses que agotan su tiempo, energía y dinero y le impiden producir fruto espiritual.

Algunas personas me dicen: «No tengo tiempo de servir al Señor. Estoy muy ocupado. No tengo tiempo para involucrarme.» Si eso sucede en su vida, entonces ¡usted está muy ocupado! Es necesario que saque un poco de yerba mala. Muchas cosas en la vida no son erróneas, pero tampoco son necesarias. Tal vez necesite acortar un poco su agenda. La persona que quema las velas por los dos extremos no es tan brillante como piensa que es. Puede que tenga tantos hierros en el fuego que lo esté apagando. Tiene que eliminar la yerba mala.

Jesús menciona tres variedades de yerba mala. Primero, están las yerbas malas de la preocupación, esta son las inquietudes y las preocupaciones diarias que demandan su atención. Luego están las yerbas malas de las riquezas. ¿El trabajo demanda tanto de su vida que no tiene tiempo para el Señor? Entonces es una yerba mala. La tercera clase de yerba mala es el placer. Sí, incluso la actividades placenteras pueden convertirse en yerba mala. El perseguir la «buena vida» puede ahogar el crecimiento espiritual. ¿Conoce personas que dan el primer lugar a la recreación? Es bueno pasar un buen tiempo, pero debe cuidar las prioridades. Cuando la playa se convierte en algo más importante que la Biblia, sus prioridades están fuera de balance.

Ahora considere esto: ¿Cuánto esfuerzo tiene que hacer para cultivar la yerba mala? ¿Qué se debe hacer para cultivarlas? ¡Nada! Crecen muy bien por su propia cuenta. Por eso son yerbas malas. Usted necesita cultivar sus plantas de tomate; sin embargo, no tiene que hacer nada para cultivar el diente de león. Esta crecerá —y crece rápido— sin su ayuda ni de nadie más.

Las yerbas malas son señal de negligencia, y cuando descuido la lectura de la Biblia, la oración y el compañerismo con otros cristianos, esta crece y ahoga mi vida espiritual. Además, me impiden producir fruto. Por lo tanto, si voy a producir fruto, tengo que profundizar y cultivar mis raíces, y eliminar las yerbas malas de mi vida.

Coopere con Dios

Si voy a ser un cristiano fructífero, debo *cooperar con Dios cuando poda* mi vida. En Juan 15:1-2 Jesús dice: «Yo soy la vid verdadera, y mi Padre es el labrador. Toda rama que en mí no da fruto, la corta; pero toda rama que da fruto la poda para que dé más fruto todavía.» Podar involucra *cortar* las ramas muertas y *cortar* las ramas vivas, para sacudir el árbol o vid y estimular el crecimiento.

Tengo un vecino llamado Esdras. Es un viejo judío y un gran tipo. Esdras en un increíble cultivador de rosas. Su jardín y su patio se ven realmente hermosos, así que lo invité a venir a mi patio para que pusiera su toque mágico en mis rosas. Fue una maravilla verlo. Trajo su podadera y podó sin misericordia. Me dolió verlo cortar mis rosas. ¡Juack, juack, juack! Cuando terminó, mis arbustos eran solo pequeños tronquitos. Los podadores profesionales le dirán que la mayoría de la gente es demasiado tímida cuando tienen que podar. Yo creía que podar era cortar con gentileza los pedacitos muertos. No es así. Lo que está vivo también debe cortarse: ramas, hojas y flores. Evidentemente, Esdras sabía lo que estaba haciendo pues mis rosas retoñaron más hermosas que nunca.

Ahora bien, aquí está el punto. La mayoría de nosotros cree que cuando Dios nos poda, corta el pecado y lo superficial; las ramas muertas de nuestra vida. Él lo hace, pero además corta algunas cosas que están vivas y tienen éxito: un negocio que va muy bien, una relación satisfactoria, buena salud. Algunas de estas cosas pueden ser eliminadas para traer una mayor fructificación. Con frecuencia, Dios también corta las cosas buenas para hacerlo más saludable. No solo se corta la madera muerta. No es siempre agradable, pero podar es esencial para el crecimiento espiritual. No es una opción. Recuerde, Dios se glorifica cuando producimos «mucho fruto» (véase Juan 15:8), y esto requiere podar. Debemos recordar que las podadoras están en las manos de nuestro amoroso Dios. Él sabe lo que está haciendo, y quiere lo mejor para nosotros.

Si usted es un cristiano, va a ser podado. Cuente con eso. Tal vez ahora mismo esté en medio de esta experiencia, y quizás no todo sean ramas muertas. Dios corta las ramas que creemos que son productivas para que pueda producirse más fruto. Esto puede ser confuso. Creemos que fuimos fructíferos y nos sorprendemos y hasta nos frustamos por la forma en que Dios nos poda. «Dios, ¿por qué me estás haciendo esto? Te entregué mi negocio, y está fracasando. Te entregué mi salud, y la semana que viene voy para el hospital. Diezmé fielmente, y sin embargo, voy camino a la bancarrota.» Quizá sea que lo están podando; Dios lo está podando.

Hace un tiempo, vi en la televisión un programa educativo sobre plantas caseras. El especialista sugirió a los televidentes que le hablaran a las plantas para ayudarlas a desarrollarse. Él explicó que tranquilizar, acariciar y hablarle a su enredadera le daría autoestima a la planta. Imagínese diciendo: «Tú eres una buena planta. ¡Ah, qué bien te ves hoy! Te ves maravillosa.» Ahora imagínese hablándole a una planta que está podando. «Esto me duele más que a ti. ¡Juap! Luego me lo agradecerás ¡Juap! Es por tu propio bien.» Me imagino a la planta contestándome: «No tienes corazón. No me quieres. Trabajé mucho para producir estas rosas que acabas de cortar.»

¿No es eso lo que le decimos a Dios cuando nos poda? «¿No me amas? ¿No te importo? ¿No ves lo que está sucediendo?» Y pensamos que Dios está enojado con nosotros. No, él no está enojado. Uno de los errores más grandes que cometemos los cristianos es confundir podar con castigar. Podar no es castigar. No los iguale. Dios no está enojado con usted. Él solo ve que usted es alguien que puede producir más fruto, alguien que tiene el potencial para engrandecerse, alguien que él quiere usar de alguna manera importante. Él quiere que usted sea tan fructífero como sea posible, por eso lo poda de nuevo, incluso cortando algunas de las cosas con las que estuvo bendiciendo su vida. ¿Perdió su trabajo? No se preocupe. Dios tiene una mejor idea. Él ve lo que usted no ve.

Ahora bien, ¿cómo Dios nos poda? Usa los problemas, las presiones y las personas. ¡Y sí que usa las personas! La gente lo criticará y desafiará. Lo cuestionarán y dudarán de usted. Retarán sus motivos. Dios los está usando para podarlo. ¿Qué estoy diciendo? Estoy diciendo lo que estuve diciendo a través de todo este libro: Dios puede usar cada situación de su vida para ayudarlo a desarrollarse si usted tiene la actitud correcta. Él lo puede usar todo: los problemas que se busca, un gran desengaño, un revés financiero, una enfermedad repentina, un matrimonio que se deshace, un hijo rebelde, la muerte de un ser querido. Él puede y usa todo esto como parte del proceso de podarlo y hacerlo aun más fructífero.

¿Por qué Dios le hace esto? Busque Hebreos 12:11: «Ciertamente, ninguna disciplina, en el momento de recibirla, parece agradable, sino más bien penosa.» Todos estamos de acuerdo con esto. Ser disciplinado no es nada agradable. El escritor de Hebreos continúa diciendo: «Sin embargo, después produce una *cosecha de justicia y paz* para quienes han sido entrenados por ella» (énfasis del autor). Dios hace esto para nuestro beneficio, así como para su gloria.

Igual que la disciplina, ser podado es desagradable. ¿Alguna vez vio un árbol podado? ¿O una planta podada? Se ven feas. Hace algunos años tenía, al frente de la casa, doce árboles de eucalipto que medían como sesenta pies de alto. Así que le pedí a un hombre que viniera a podarlos. Sí que los «podó bien», ¡no les dejó ramas! Terminé con doce palos erguidos al frente de mi casa. Algunos de mis vecinos bromeaban diciendo que un OVNI había tirado unos palillos de diente gigantes al frente de mi casa. Creo que algunos de ellos pensaron que estaba por comenzar alguna clase de culto extraño frente a la casa. Era desagradable ver esos árboles tan feo. Pero, ¿sabe qué paso? Después de podarlos, renacieron mucho más frondosos que antes. ¡Ahora el problema que tengo es recoger las hojas!

Podar nunca es divertido, y tampoco es bonito, pero es para su beneficio futuro. El propósito de podar es positivo. Dios no está enojado con usted. La Biblia dice que no hay condenación para los que están en Cristo Jesús (Romanos 8:1). Dios no «castiga» a sus verdaderos hijos. Su castigo ya se llevó a cabo en la cruz. Ahora Dios lo está podando para su beneficio, para una mayor fructificación en su vida.

Hace unos años, mi esposa pasó por tiempos difíciles mientras era seriamente podada. Estaba enferma, tuvo un embarazo difícil, y durante meses estuvo confinada a la cama. Fue una época muy difícil en nuestra familia. Dios cortó todas las actividades de la vida de Kay. Literalmente todo: dirigir el ministerio de las mujeres, enseñar estudios bíblicos, todo lo que tanto quería y ansiaba hacer. Hasta en la casa todo se cortó porque ella no podía salir de la cama. Hablábamos mucho al respecto pues en esos momentos no parecía tener sentido. Nuestra iglesia crecía rápidamente y yo necesitaba la ayuda de Kay. Pero este era un tiempo valioso para podarla. Kay aprendió muchísimo pues cuando uno está boca arriba en la cama, lo único que puede hacer es mirar hacia arriba. A partir de ese tiempo su fructificación fue increíble. Dios abrió nuevos ministerios y oportunidades para ella que nunca imaginamos. Los resultados de aquel proceso de ser podada fueron maravillosos, pero el pasarlos no fue nada divertido.

¿Habrá siempre resultados productivos cuando es podado por Dios? Si no cooperamos, no habrán resultados. Si nos resistimos, nos rebelamos, nos quejamos o nos resentimos, nuestro carácter no se desarrollará de la manera que Dios quería.

Ya vimos nueve cualidades específicas del carácter que Dios quiere desarrollar en su vida: amor, alegría, paz, paciencia, amabilidad, bondad, fidelidad, humildad y dominio propio. ¿Cómo Dios produce estas cualidades en su vida? Como ya dije, lo hace al permitir que usted encare situaciones y personas llenas exactamente de las cualidades opuestas. Lo enseña a amar rodeándolo de personas antipáticas. Le enseña alegría en medio de la tristeza. Le enseña paz permitiendo que la irritación lo rodee. Le enseña paciencia permitiendo cosas que lo frustren. Dios usa todas estas cosas para hacerlo más fructífero, pero usted debe cooperar con él. La manera de expresar esa cooperación es alabándolo en medio de cada circunstancia (véase 1 Tesalonicenses 5:18).

Espere la cosecha

Si quiero que mi vida sea fructífera, debo cultivar buenas raíces, eliminar la yerba mala, cooperar con Dios al podarme dándole gracias y adorándole. También debo *esperar por la cosecha*. Desarrollarse toma tiempo. No es algo instantáneo. Dios hace los hongos en dos días, sin embargo, demora sesenta años para hacer un árbol de roble. ¿Qué prefiere ser, un hongo o un roble? Crecer toma tiempo.

Cuando usted examina su desarrollo espiritual tal vez se pregunte, *¿Por qué me está llevando tanto tiempo para mejorar? He sido cristiano durante dos años, y no veo muchos cambios. Sigo luchando con muchas de* *mis debilidades*. ¿Por qué? Porque el desarrollo espiritual, como el desarrollo natural, toma tiempo. Las mejores frutas maduran con lentitud.

Fíjese en lo que Jesús dice en Juan 12:24. Estaba hablando de su muerte, pero este principio también se aplica a nosotros. Él dijo: «De cierto, de cierto os digo, que si el grano de trigo no cae en tierra y muere, queda solo; pero si muere, lleva mucho fruto» (RVR). Cuando Jesús dice: «De cierto, de cierto», está diciendo: «¡Apréndete esto! ¡Sintonízate!» Está diciendo: «Óyeme y óyeme bien. Esto es realmente importante.»

El punto que Jesús presenta aquí es que la muerte precede a la vida. Igual que un grano de trigo debe morir para producir fruto, nosotros también debemos morir a nosotros mismos para producir crecimiento espiritual. Y morir a nuestro orgullo toma tiempo. Nuestra tendencia es desenterrar la semilla de vez en cuando para revisar su progreso, en lugar de confiar en que Dios haga su obra en nuestras vidas. Cristo producirá frutos en nuestras vidas si permanecemos en él. En el pasaje de la vid y las ramas en Juan 15, la palabra clave es *permanecer*. Debemos *permanecer* en él. Recuerde esa palabra. Permanecer en Cristo significa mantenernos en contacto con él, depender de él, vivir para él, y confiar en que él hace *su* obra en nuestras vidas en *su* tiempo perfecto. Nunca se rinda. ¡Siempre es muy pronto para rendirse! Espere la cosecha prometida por Dios y, mientras tanto, disfrute su presencia en su vida. Dios está satisfecho con usted en cada etapa de su desarrollo espiritual. Él no está esperando que sea perfecto para comenzar a amarlo. Nunca lo amará más de que lo que ya lo ama.

A medida que revisa los capítulos de este libro, ¿puede ver algún fruto espiritual en su vida? Quizás haya memorizado el fruto de nueve cualidades presentado en Gálatas 5:22-23. Si no, le invito a hacerlo. Piense cómo estas cualidades se vieron en la vida de Jesús, y cuente con él para producirlas en usted por la obra de su Espíritu Santo. Si no está viendo tanto fruto como quisiera, no se desespere. Recuerde que el desarrollo toma tiempo. Le recomiendo que durante cada mes del próximo año se concentre en uno de los frutos del Espíritu. Use ese mes para estudiarlo en detalle. El capítulo tres de mi libro *Personal Bible Study Methods (The Encouraging Word)* [Métodos para el estudio bíblico individual (La palabra de aliento)] explica paso por paso cómo puede hacer, de forma individual, un estudio bíblico acerca de un rasgo del carácter.

Las cuatro actividades presentadas en este capítulo son los pasos prácticos que necesita dar si está pensando seriamente en tener una vida cristiana fructífera y productiva. Comience por cultivar raíces profundas invirtiendo tiempo a diario en la Palabra de Dios. Luego, elimine la yerba mala de su vida que consume su tiempo y energía y lo distrae al evitar que haga la voluntad de Dios. Después, coopere con Dios cuando lo esté podando dándole gracias y alabándolo por lo que está haciendo en su vida. Él está obrando para hacerlo más fructífero de lo que jamás pensó. Por último, espere la cosecha del fruto espiritual en su vida. Si siguió los primeros tres pasos, ¡la cosecha es inevitable!

En el 1968, un científico descubrió, en una cueva de los indios, un collar de semillas que tenía seiscientos años. Sembró una de las semillas, y esta brotó y se desarrolló. Aunque dormida durante seiscientos años, el potencial de vida todavía estaba allí. Quizá usted fue un cristiano durante años, y estuvo espiritualmente dormido la mayor parte del tiempo. Pero ahora le gustaría ser productivo. Desea ser fructífero. La lectura de este libro lo evidencia. Le tengo buenas noticias. ¡No es demasiado tarde! ¡Puede comenzar ahora mismo! Baje su cabeza para orar y dígale a Dios que quiere cooperar con su plan de desarrollo para usted. ¡Él le dará el poder para transformar su vida!

The Encouraging Word
[La palabra motivadora]
El ministerio de materiales de
Rick Warren, Pastor
Saddleback Valley Community Church
Comuníquese con nosotros para un catálogo gratis o
cualquier material disponible.
P.O. Box 6080-388, Mission Viejo, CA 92691
(949) 888-2500 Fax (949) 888-2600
Web: http://www.pastors.net
Email: info@pastors.net

DISFRUTE DE OTRAS PUBLICACIONES DE EDITORIAL VIDA

Desde 1946, Editorial Vida es fiel amiga del pueblo hispano a través de la mejor literatura evangélica. Editorial Vida publica libros prácticos y de sólidas doctrinas que enriquecen el caudal de conocimiento de sus lectores.

Nuestras Biblias de Estudio poseen características que ayudan al lector a crecer en el conocimiento de las Sagradas Escrituras y a comprenderlas mejor. Vida Nueva es el más completo y actualizado plan de estudio de Escuela Dominical y el mejor recurso educativo en español. Además, nuestra serie de grabaciones de alabanzas y adoración, Vida Music renueva su espíritu y llena su alma de gratitud a Dios.

En las siguientes páginas se describen otras excelentes publicaciones producidas especialmente para usted. Adquiera productos de Editorial Vida en su librería cristiana más cercana.

Una vida con propósito

Rick Warren, reconocido autor de *Una Iglesia con Propósito*, plantea ahora un nuevo reto al creyente que quiere alcanzar una vida victoriosa. La obra enfoca la edificación del individuo como parte integral del proceso formador del cuerpo de Cristo. Cada ser humano tiene algo que le inspira, motiva o impulsa a actuar a través de su existencia. Y eso es lo que usted podrá descubrir cuando lea las páginas de *Una vida con propósito*.

0-8297-3786-3

UNA IGLESIA CON PROPÓSITO

En este libro usted conocerá el secreto que impulsa a la iglesia bautista de más rápido crecimiento en la historia de los Estados Unidos. La iglesia Saddleback comenzó con una familia y ha llegado a tener una asistencia de más de diez mil personas cada domingo en apenas quince años. Al mismo tiempo, plantó veintiséis iglesias adicionales, todo esto sin llegar a poseer un edificio.

Un libro que todo creyente debe leer.

Nos agradaría recibir noticias suyas.
Por favor, envíe sus comentarios sobre este libro
a la dirección que aparece a continuación.
Muchas gracias.

Vida@zondervan.com
www.editorialvida.com

Printed in the USA
CPSIA information can be obtained
at www.ICGtesting.com
JSHW031727211124
74059JS00007B/19